AF619429

GEORGES GIRARD

Saint Hilaire

Reproduction d'un tableau de l'abbaye de Ligugé.

J. SIRAUDEAU ÉDITEUR

ANGERS

1906

SAINT HILAIRE

GEORGES GIRARD

Saint Hilaire

J. SIRAUDEAU ÉDITEUR
ANGERS

A

Sa Grandeur

Monseigneur Henri Pelgé

Évêque de Poitiers

Cent huitième successeur du Grand Hilaire

Témoignage de reconnaissant respect.

ÉVÊCHÉ
DE POITIERS

Poitiers, le 12 mars 1905.

A MONSIEUR GEORGES GIRARD

Monsieur,

Le témoignage, que M. l'abbé Bleau, Aumonier du Lycée, m'a rendu de votre Histoire populaire de Saint Hilaire, *est si flatteur, que je ne puis résister au besoin de vous féliciter d'avoir entrepris ce travail.*

Votre désir de vulgariser la vie si peu connue de ce grand Evêque et Docteur, une des plus pures gloires de l'Eglise de Poitiers, est excellent, et j'aime à me persuader que votre livre, en même temps qu'il instruira, édifiera beaucoup. Je lui souhaite donc un plein succès.

Croyez, Monsieur, à mes sentiments bien dévoués en Notre Seigneur.

† HENRI,
Évêque de Poitiers.

AVANT-PROPOS

Quinze siècles se sont écoulés depuis la journée mémorable où s'éteignait, doucement, un des plus glorieux d'entre les Pères de l'Eglise, un des plus vaillants d'entre les défenseurs de la Vérité : cet homme était un Gaulois, un évêque de Poitiers, le Grand Hilaire. Le temps a sans doute affaibli l'enthousiasme que suscitait jadis cette noble figure, mais son souvenir est encore vivace dans la mémoire des peuples et ce modeste travail n'est fait que pour l'aviver encore.

Je n'ai point voulu — est-il besoin de le dire — faire ici œuvre érudite et savante : j'ai seulement essayé — ai-je réussi ? je l'ignore — à donner une vue courte, simple et complète le plus possible, sur la vie d'Hilaire et son culte à travers les âges.

Pour le voyage à travers des siècles lointains, j'ai choisi tout d'abord pour guide l'ouvrage — si remarquable à tous les points de vue — du duc de Broglie : l'Eglise et l'Empire Romain au IVe siècle. *J'avais là, écrit de main de maître, un tableau plein de vie des luttes religieuses de cette période où Hilaire joue un rôle si important.*

Il est d'autres travaux qui n'ont point quitté ma table et ceux-là, j'en dois faire mention toute spéciale : Ce sont ceux du vénérable prieur de Ligugé, Dom Chamard : Les trois premiers livres de l'Histoire ecclésiastique du Poitou, *aussi bien que* Saint Martin et son monastère de Ligugé *sont les sources que je devrais citer à chaque page.*

Puisse le respectueux hommage de ma vive gratitude aller trouver leur auteur là-bas, sur les routes de l'exil !

J'ai le devoir aussi de ne point oublier le récent et érudit livre du R. P. Largent, qui m'a si souvent été utile, surtout pour la première partie de cet ouvrage.

Pour la deuxième je n'avais qu'à recourir aux travaux si minutieux de M. de Longuemar et de M. de la Bouratière sur la Collégiale de Saint Hilaire le Grand : là encore le travail m'a été facile, et je dirai même, plein de charmes.

Le dernier chapitre a été certes, pour moi, le plus plein de difficultés : sur le culte de Saint Hilaire les documents étaient éparpillés partout et j'ai dû recourir à la bonne volonté de nombreux correspondants. Parmi eux je citerai tout particulièrement l'éminent archiviste du diocèse de Chartres, M. le chanoine Métais, M. l'abbé Rousseau, curé de Faye l'abbesse, le jeune et si zèlé curé de Cléré, M. l'abbé Thomas. Qu'ils reçoivent ici le témoignage de ma reconnaissance.

Il me reste enfin à remercier, du fond du cœur, mon cher Maître, M. le chanoine Bleau, dont j'ai mis si souvent à contribution — en même temps que la riche bibliothèque — la science sûre et bien connue.

Si cette histoire de Saint Hilaire contribue à répandre le nom de ce docteur illustre, elle aura atteint son but et son auteur sera suffisamment récompensé !

Poitiers, 16 mars 1905.

PREMIÈRE PARTIE

CHAPITRE I

La Jeunesse de Saint Hilaire

NAISSANCE DU SAINT. — CLÉRÉ OU POITIERS. — CROYANCES. — ÉDUCATION. — VOYAGES.

Naissance de Saint Hilaire. — Le IVe siècle avait quelques années.

En ce temps-là Dioclétien régnait encore sur un trône déjà croulant, lorsque, dans le fond d'une province encore ignorée, naquit un enfant qui devait plus tard emplir le monde tout entier de son nom. Le Poitou fut le témoin de cet évènement mémorable qui devait être sa gloire la plus durable durant le cours des âges.

Sa famille. — Francaire (1), un patricien de race sénatoriale, allié aux meilleures maisons de la Vieille Rome, fut le père de cet enfant prédestiné. Comme sa naissance comblait tous les vœux d'une famille en attente on le nomma *Hilarius :* le « Joyeux ».

Quel est l'endroit qui eut l'honneur de donner au monde ce grand homme, on l'ignore encore.

Plusieurs localités, situées dans l'ancienne *Aquitaine-*

(1) Vid. Abbé F. Charpentier : *St-Francaire*. Angers. Siraudeau 1904 p. 24, 25.

Seconde, sont en présence pour cette paternité : Au premier rang, se place la Capitale même du Poitou, l'antique *Limonum*. Puis vient, enfouie dans la verdure du pays Angevin, une bourgade quasi-inconnue, *Cléré* (1).

Poitiers appuie ses prétentions sur deux textes, l'un de Saint Jérôme (2), l'autre de Saint Fortunat.

A cela Cléré objecte que « Saint Jérôme qui n'avait jamais visité nos contrées, qui « écrivait en Orient, éloi-
« gné de toute information positive, ne devait point être
« bien instruit sur le lieu précis de la naissance d'un
« évêque de Poitiers à 500 lieues de distance (3) ».

Quant à Saint Fortunat, si, dans les *Carmina*, il dit en effet :

Pictavis residens qua Sanctus Hilarius otim,
Natus in urbe fuit, notus in orbe pater (4),

il dit aussi ailleurs que le Saint Evêque « estoit natif d'Aquitaine, à 42 lieues loing de la mer Britannique (5) ». Eut-il parlé, aussi vaguement, de Poitiers, déjà si célèbre de son temps ? D'ailleurs la petite commune peut apporter encore, pour preuve, une immémoriale tradition qui montre, au « Mureau » de Cléré, les restes du château familial d'Hilaire (6).

Et nous, pour qui prendrons-nous parti, sera-ce pour la ville ou pour la bourgade ? — rejeterons-nous l'auto-

(1) Cléré, petite commune du Canton de Vihiers (Maine-et-Loire) Quoiqu'il en soit, Hilaire naquit bien poitevin, puisque Cleré fut, jusqu'en 1789, du diocèse de Poitiers, et non de celui d'Angers.

(2) *Præfat.* libr. II *in Ep. ad Galatas.*

(3) Dom Chamard. *Saints personnages de l'Anjou.* Tome I. p.

(4) Fortunat : *Carmina* lib. VIII c. I.

(5) *Vita Sancti Hilarii* Cap. I, et Jehan Bouchet, *Annales d'Aquitaine* page 21.

(6) Ce fut en ce lieu, comme nous le verrons plus loin, que furent découvertes les tombes de son père et de sa mère, au début du XVe siècle.

rité de Saint Jérôme ou de Fortunat, pour nous tourner vers la tradition ?

Une telle question nous semble insoluble.

On sait en effet que les riches Gallo-Romains de cette époque lointaine préféraient au séjour à la ville, le séjour dans leurs villas, « peuplées de statues, égayées de jardins et de jets d'eau, ornées de bains, de bibliothèques, de galeries de tableaux (1) », et qu'ils y résidaient une grande partie de l'année. Francaire se conforma évidemment à cette mode, et sa vie se passa tantôt à Poitiers, tantôt à Cléré. Hilaire est-il né à Cléré, pendant une villégiature paternelle, ou bien à Lémone ? la question reste pendante...

Croyances primitives. — Dès sa naissance, le jeune patricien ne fut point nourri du suc de la vérité. Quoi qu'en aient pu dire certains auteurs, nous pouvons affirmer qu'Hilaire « ne naquit point chrétien, mais le devint (2) ».

Toutefois, ses écrits le prouvent, cet homme que Dieu avait marqué de son signe, ne donna jamais entièrement ses convictions à aucune croyance idolatrique : « il vécut d'abord, n'ayant pour toute religion que ce sentiment vague et indéfini d'un dieu inconnu (3) », sentiment qui le conduisit au Christianisme.

Education du jeune Hilaire. — La famille d'Hilaire voulut faire donner à ce fils, qui était son seul souci et son seul espoir, une éducation soignée : elle l'envoya d'abord aux Ecoles Aquitaines, à celles de Poitiers, et sur-

(1) Ramband, *Histoire de la Civilisation Française*. Paris, Colin. T. Ier p. 30.

(2) Lenain de Tillemont. *Mémoires pour servir à l'histoire ecclésiastique des six premiers siècles. T. VII*. Paris, Rolustel (M D C C) *St-Hil.* art. I.

(3) M. l'abbé Auber. *Saints de l'Eglise de Poitiers*, XIII janvier, p. 7.

tout à celles, si illustres alors, de Bordeaux. Le jeune homme s'y distingua bientôt (1). Cependant, vers sa quinzième année, il se trouva rebuté, on ne sait comment, par les difficultés de l'étude, et il résolut de quitter complètement les lettres. Désespéré il allait par la campagne lorsqu'il « reprint courage, en la marselle d'un puits usée par l'assiduité des cordes (2) ». Il se remit à l'étude avec ardeur, car, il avait compris que, de même le frottement quotidien de la corde avait laissé sur la pierre son empreinte ineffaçable, de même l'étude laisserait dans son âme une marque durable, s'il ne s'arrêtait pas au milieu de la route, qu'il avait à parcourir, pour posséder la science si vivement désirée.

Voyages. — Peu de temps après, il quittait les Gaules et prenait le bâton du voyageur. Il alla d'abord étudier à Trèves, dans la vieille ville où Maximin, son compatriote et peut-être son parent, était archevêque ; de là il passa à Rome, où son esprit s'abîma dans la contemplation de ce peuple qui avait jadis sû devenir le maître du monde... Puis l'antique Hellade le reçut sur ses bords : il semble cependant n'avoir étudié que peu de temps à Athènes, juste assez pour connaître la langue de ce petit peuple, éducateur des autres (3).

Il repassa par Rome, car la ville impériale l'attirait

(1) « Les Cours y étaient divisés en 2 classes principales : la grammaire et la rhétorique. On entendait alors par la grammaire tout « ce qui se rattachait de près ou de loin à ce que nous appelons « aujourd'hui la littérature... Sous le non de rhéteurs, d'autres profes- « seurs enseignaient l'art de bien dire... ; la *philosophie*, ou la connais- « sence des divers sytèmes des anciens philosophes païens cantonnait « cette éducation littéraire. Cependant les jeunes patriciens dont la « noblesse et le talent prédisaient un avenir plus sérieux ajoutaient « encore à ces études la science plus aride du droit romain, (Dom « Chamard. *Hist. Ecc. du Poitou.* Livre I. Mém. Ant. Ouest. T. 37.)

(2) D'après Jean Bouchet. *Annales d'Aquitaine* p. 21.

(3) St-Jérome. *Epist LXX, Ad Magnum, n° 5.*

encore, et il revint, étudiant toujours et longuement Quintilien, le puissant auteur de l' « *Institution Oratoire* (1). »

Il ne laissait pas non plus de côté la poésie, car, lui-même, il avait une âme de poète, et plus tard, dans ses œuvres, l'on pourra, maintes fois, voir passer un « souffle vraiment poétique (2) ».

Lorsqu'il revint dans sa patrie, il était devenu un homme accompli, une intelligence d'élite.

(1) St Jérome. *Epist LXX. Ad Magnum. n° 5.*
(2) Ebert. *Hist. de la litt. au moy. age*, trad. Aymeric et Condanien Paris Leroux, Tome I.

CHAPITRE II

Luttes intérieures

MARIAGE D'HILAIRE. — NAISSANCE D'ABRA. — LUTTES INTÉRIEURES. — CONVERSION. — VIE DU NOUVEAU CONVERTI.

Le jeune patricien vécut ainsi quelques années cette vie studieuse, acquérant chaque jour des connaissances nouvelles. Il se perfectionnait dans l'art oratoire qu'il travaillait sans cesse, ayant comme un secret pressentiment qu'il en aurait besoin plus tard.

Mariage d'Hilaire. — Hilaire interrompit cependant ses travaux : frappé des nobles qualités d'une jeune fille de grande famille, mais dont le nom nous est malheureusement inconnu (1), il la demanda en mariage.

Le fils de Francaire était trop avantageusement connu pour qu'on pût opposer un refus à une telle demande : le mariage eut lieu.

Naissance de Sainte Abra. — Quelque temps

(1) Thibaudeau, *Histoire du Poitou*, tome I, page 34, nous dit « Il épousa *Florence*, née au bourg connu aujourd'hui sous le nom de Saint-Jouin ». L'historien aura probablement confondu Ste-Florence, vierge, avec l'épouse d'Hilaire.

plus tard, Hilaire était père : il donnait à sa fille le nom doux et poétique d'*Abra*, « la jeune servante ».

Fils chéri d'une famille illustre et riche, époux et père d'êtres bien aimés, chargé, dit Saint Augustin, de l'or et de l'argent des Egyptiens, c'est-à-dire pourvu d'une instruction solide et rare, d'une intelligence peu commune, Hilaire avait un jour « senti s'élever du fond de sa conscience cette redoutable question : quel est le but de la vie (1) » ?

Luttes intérieures. — Au début de son beau livre de la Trinité, le futur évêque de Poitiers nous montre comment il résolut cette palpitante question, et nous explique les motifs de sa conversion.

L'éditeur de Saint Hilaire, Dom Coutant, n'a vu dans ce début que la description générale des incertitudes d'un homme « qui scrute le problème de ses destinées (2) », mais, « quiconque lira sans parti pris les premières pages du « *de Trinitate* » y découvrira autre chose qu'un drame imaginaire ; il y entendra les confessions d'une âme qui raconte au prix de quelles angoisses et par quel chemin elle est parvenue à la vérité (3) ».

Quel est donc, se répétait Hilaire, quel est donc le but de la vie ?

La vie (4) n'est certes pas faite pour le repos dans l'abondance, qui, dit le saint docteur, nous rendrait semblables aux bêtes : « Assurément s'il faut penser que le meilleur et le plus complet emploi de la vie consiste à n'avoir rien à faire et à être gorgé de tout, nous devons l'admettre, cet état sera commun aux hommes et au troupeau des

(1) De Broglie : *L'Eglise et l'Empire au IVe siècle*, 2e partie. T. I. ch. IV.

(2) R. S. Largent. *St-Hilaire*, Paris 1901, p. 3. Collection « *Les Saints* » Lecoffre éd.

(3) Id. *loc. cit.*

(4) Nous analysons brièvement le passage immortel du « *De Trinitate* » où le Saint nous explique lui-même les motifs de sa conversion.

bêtes sans raison. Et même, le sort des animaux sera préférable à celui des humains, puisque la nature leur a accordé la faveur de se servir de tout, sans avoir le souci de posséder ».

L'existence a donc été faite pour quelque chose de meilleur, sans quoi, tourmentée d'angoisses comme elle l'est, elle ne serait pas un présent de Dieu. Elle ne peut avoir été donnée par un Immortel, uniquement pour nous conduire à la mort.

Où donc trouverons-nous la solution de cet émouvant problème ? Irons-nous la chercher chez les philosophes ? — Non. Sans doute elle est juste l'opinion de ces gens qui disent de garder toujours sa conscience pure et nette. « Cependant, dit Hilaire, ces hommes ne me paraissaient pas posséder l'art de vivre d'une façon bonne et heureuse... Mon âme était empressée de faire autre chose que ce qu'il est criminel et nuisible à l'homme de ne pas faire. Elle aspirait à Dieu, auteur de ce bien suprême qu'on nomme la vie... Là, me semblait-il, elle trouverait contre les tempêtes de la fortune un port sûr et un repos assuré. Saisir et posséder Dieu fut, dès ce jour, mon plus pressant désir (1) ».

Mais dans la connaissance de Dieu, quel enchevêtrement d'opinions qui se contredisent ; tant de genres de dieux existent, les uns absolument humains ou qui ne s'occupent pas de nous, les autres qui ne sont autre chose que des animaux, des métaux, des pierres ou du bois !

Hilaire, intelligent et lettré comme il l'était, ne pouvait ni ne devait fléchir le genou devant de telles absurdités. « Mon âme, dit-il, était sûre que l'Etre Eternel et Tout-Puissant est forcément simple et unique ; que hors de lui aucun principe n'existe ; que rien ne lui est supérieur ; que la Toute-Puissance et l'Eternité sont l'apanage d'un

(1) Tout ce passage est tiré du « *de Trinitate* ». Livre I, le début, passim.

seul, car, dans la Toute-Puissance, il n'y a ni plus ni moins, et, dans l'Eternité, ni avant, ni après ; et enfin qu'en Dieu nous ne devons adorer rien autre chose que la Toute-Puissance et l'Eternité ».

C'est à ce moment que Dieu fit tomber, entre les mains de ce chercheur, les livres que lui-même avait jadis révélés au chef des Hébreux et aux Prophètes.

Toutes les questions qu'Hilaire avait posées s'y trouvaient résolues. « *Ego sum qui sum* ». « Je suis Celui qui suis », ou encore : « Celui qui est m'a envoyé vers vous ! » ces deux expressions de Dieu le ravissent jusqu'aux larmes. — « Où fuirai-je loin de votre face » ? lui montre l'Immensité du Tout-Puissant, du Dieu qui réside partout (1).

Il le connaît donc désormais, ce Dieu tant cherché ; son esprit le possède donc en entier Celui qui « a mesuré les mers dans le creux de sa main, qui a soupesé les montagnes, soutenu la terre, et mis dans la balance les monts et les collines (2) ».

Mais ce n'est pas tout encore : les païens ont reproduit la figure de leurs dieux ; quel est donc celui-ci, « cette majesté incommensurable et inaccessible (3) » ? — « Le Créateur se révèle dans la magnificence de ses œuvres et la beauté de ses créatures », lui dit encore le Livre Saint, et Hilaire, ébloui, de s'écrier : « Il est beau ce Dieu, il est beau d'une beauté que ni les yeux, ni l'esprit ne peuvent imaginer » !

Cependant une dernière inquiétude le saisit encore : la mort, la terrible mort, va-t-elle donc lui ravir bientôt ce qu'il vient de si péniblement acquérir ? C'est impossible. Une clarté lui manque encore, et cette clarté il l'apercevra, lorsque, ouvrant l'Evangile de Saint Jean, il y lira : « Au commencement était le Verbe, et le Verbe était en Dieu,

(1) *Qui inest interior, excedit exterior.*
(2) Ps. LX. 12.
(3) Abbé Barbier. *Vie de St-Hilaire,* chap. II.

et le Verbe était Dieu... et le Verbe s'est fait chair et il a habité parmi nous ».

C'est alors que ce penseur comprendra qu'il fallait bien que le Verbe se soit fait chair, pour que la chair puisse parvenir jusqu'à Dieu.

Dès ce moment-là Hilaire était chrétien : il possédait le Christ et dans son cœur et sur ses lèvres ! Un horizon nouveau s'ouvrait devant lui, avec un but à atteindre coûte que coûte, avec l'Eternité bienheureuse pour récompense.

Vie édifiante du nouveau converti. — Quel beau jour ce fut pour l'Eglise Poitevine, que celui où Hilaire, sa femme, son enfant, et peut-être aussi le vieux Francaire, s'approchant de l'évêque Maxence, lui demandèrent de les inscrire au nombre de ses catéchumènes ! Quel beau jour ce fut pour cette famille régénérée, que celui où, pour la première fois, elle put goûter le bonheur de la vie chrétienne !

Les vieux Pontifes qui avaient déjà illustré l'Eglise de Poitiers, tressaillirent d'allégresse, en voyant, du haut du Ciel, l'homme que Dieu avait choisi pour son élu.

A partir de ce moment, la villa du Gallo-Romain devint une maison de prières : la famille du nouveau converti se forma sur la famille de Nazareth.

..... Après son baptême Hilaire s'était dit : « Que d'autres cherchent le repos et le loisir, les avantages de la fortune et les commodités de la vie..... pour moi je m'en tiens à Dieu et au Christ-Jésus ». Il se mit à la disposition de l'Evêque Maxence. Celui-ci, blanchi dans les travaux de l'épiscopat, l'accueillit comme un père. Il trouva en Hilaire un collaborateur précieux, prêt à toutes les tâches nécessitées par le service de Dieu.

Dans les sociétés païennes et chrétiennes, où sa noble naissance le faisait admettre, le nouveau chrétien ne perdait aucune occasion de répandre les sains enseignements de la Vérité, ou de glorifier cette Trinité radieuse qu'il devait si magistralement défendre plus tard.

Il arriva même, dans sa foi rigide, à ne vouloir plus avoir aucun rapport avec les juifs, les hérétiques et les païens ; ces contradicteurs de la foi le saluaient-ils dans la rue, Hilaire tournait la tête, craignant de souiller son regard au contact de ceux qui ne croyaient pas à sa foi. Rien ne pouvait être plus désagréable à ce fervent que de se rencontrer à la même table que l'un d'eux : aussi évitait-il avec soin des invitations capables de le mettre dans une telle position.

Plus tard pourtant, lorsque la consécration épiscopale aura fait de lui le Père de tous, il changera de manières : c'est lui qui le premier saluera ceux devant lesquels il se détournait naguère : il ira à eux, afin de les entraîner à la vraie foi et de ne faire de tous qu'une même âme, croyante et confiante en un même Dieu.

Ce dédain pour les hérétiques ou les idolâtres n'était cependant pas fierté. Car Hilaire, lorsqu'il était au milieu des chrétiens, ne voulut jamais rien devoir à son nom patricien. Il se considérait fils du Christ comme les autres, et il profitait de cette fraternité commune pour aller visiter les pauvres ses frères, soigner et consoler blessés et malades.

..... Ses études d'autrefois s'étaient transformées.

Sur les rayons de sa bibliothèque, où jadis s'alignaient les œuvres des philosophes antiques, trônaient désormais les Livres Saints, la Bible, les Evangiles, les Actes des Apôtres.

Hilaire comprit que la foi qui n'agit point n'est pas une foi sincère : il se jeta, corps et âme, dans la lutte pour la Vérité.

Oh, a pu dire son biographe, quel parfait laïque, dont les prêtres même désiraient imiter les vertus (1) !

(1) St-Fortunat, *Vtia Sancti Hilarii*, lib. I, cap. I.

CHAPITRE III

Élévation d'Hilaire à l'Épiscopat

L'ÉGLISE DE POITIERS AVANT SAINT HILAIRE. — MORT DE MAIXENT ET ÉLECTION D'HILAIRE. — SAINT MARTIN ARRIVE A POITIERS.

Selon de respectables légendes, attaquées aujourd'hui par la critique moderne, le Poitou avait, dès le premier siècle, reçu, grâce à l'Apôtre de l'Aquitaine, Martial, la Bonne Nouvelle : « *Les Poitevins avoient été plus faciles et aisés à prendre le sacrement de baptême que les autres peuples* (1) » et, sur l'ordre du Maître, l'évêque de Limoges avait élevé la Cathédrale de Poitiers en l'honneur du Prince des Apôtres, le jour même du martyre de ce glorieux disciple.

Avant de quitter les Pictons, Martial leur avait donné un pasteur : quel fut-il ? Nos anciennes listes épiscopales ne nous renseignent point (2) : elles nous donnent néanmoins les noms de huit des prédécesseurs d'Hilaire : ce

(1) Jehan Bouchet. *Annales d'Aquitaine*, page 14.

(2) Voyez ces listes : *Biblioth. nation.*, n° 6042 (XIIe S.), *ibid* n° 4991 (XIIe S) *ibid.* 4995, Bouchet *Annales d'Aquitaine*, Besly, *Evêsques de Poitiers*, *Gallia Christiania* T. II. p. 122, Dreux du Radier, *Bibl. hist. du Poitou*. T. I. Dom Chamard, *Hist. eccl. du Poitou*. L. I. *Origines de l'Eglise de Poitiers*, ch. II. Mém. Ant. Ouest. 1e série. T. 37. passim.

sont Nectaire (1), Tupidianus, Agon (2), Hilpidianus, Justin, Bellator, Aliphius et Maixent (3). Sous ces saints pontifes, l'Eglise poitevine avait accru le nombre de ses fidèles et fourni déjà une phalange d'héroïques martyrs : Domnien et ses trente-neuf compagnons à Avrillé, Clair à Loudun, Lucain, Simplicien à Poitiers, Brancharius et sa sœur Pia à Nanteuil, tous des jeunes gens, avaient confessé au prix de leur vie la foi du Christ.

Déjà, l'Eglise Poitevine avait donné aux Gaules de saints pontifes : Agrécius Paulin, Maximin (4), tous trois archevêques de Trèves, sont des fils de la terre pictave.

Mort de Maixent. — Or, vers l'année 350, Dieu rappela à lui son pontife Maixent. Le vieil évêque mourait tranquille, car, à son chevet, il voyait briller sur la tête d'Hilaire le signe prédestiné.

A peine cette mort était-elle connue que, de tous côtés, les évêques de la province accouraient......... Escortés du peuple, ils étaient entrés dans la basilique ; le Métropolitain de Bordeaux venait de lire les passages de l'a-

(1) Nectaire, sur la personalité duquel il a été fort discuté, fut enseveli primitivement dans le grand cimetière chrétien de la Cité, — au lieu où s'éleva plus tard la Chapelle St-Barthélemy près Saint-Hilaire. Son corps fut transporté à Lougrêts près Auxerre, où un culte immémorial lui était rendu.

(2) Agon, honoré comme Saint depuis les temps les plus reculés, possédait une petite chapelle dans le bourg de St-Hilaire, à Poitiers «Elle est assez bien entretenue, écrit dom Fonteneau (LXXXI, 195), de moderne architecture, apparemment parce qu'elle aura été rebatie ; à coté est une maison attenante dont quelques fenêtres sont du goût du xe ou xie siècle »

(3) « St-Maxent, *Maxentins*, *Maximinus*, Haubeterre (*Rev. Aquit.* L. V. C. II. p. 306, 307) et Besly (*Evêq. de Poit.* p. I) le mettent aussi au nombre des évêques de Poitiers sur la foi d'un ancien auteur de sa vie qui a été publiée par Surins. On le fait descendre d'une famille noble (*Senatorii ordinis*) », catalogue des évêques diocésains, (Dufour *De l'ancien Poitou et de sa Capitale*, p. 47) Vid. Dom Chamard, *Loco cit.* page 217.

(4) Vid. Dom Chamard, ibid. Ch. IV, V, VI.

pôtre Paul, relatifs à l'épiscopat, lorsque, tout d'une commune voix, le peuple, poussé, sans doute, par le divin Paraclet, s'écria : « Hilaire évêque, c'est le plus digne, Hilaire, Hilaire (1) » !

Election d'Hilaire. — Emu, le Saint, qui était au milieu de la foule, voulut parler, représenter qu'il était marié et père : rien n'y fit. Une deuxième fois, le même cri retentit, et le métropolitain, s'approchant du praticien ébloui, lui marqua sur le front et sur les mains la consécration du prêtre et l'onction du pontife.

..... Conduit par une foule respectueuse, jusqu'à sa demeure, le nouvel évêque s'approcha de son épouse et de son enfant, et, leur donnant le baiser de paix, il s'éloigna d'elles, pour toujours, suivi par le peuple qui l'acclamait sans interruption.

Il allait se fixer dans une humble cellule accolée à la basilique Saint-Pierre : en ce lieu, la ferveur des âges a depuis édifié une chapelle, en l'honneur du grand homme qui l'avait habité (2).

Il n'était pas rare au IVe siècle de rencontrer des élections de cette sorte, élections après lesquelles le nouvel ordonné devait, sous peine de péché grave, se séparer de son épouse et de toute sa famille, qui ne voyait plus en lui qu'un ministre du Seigneur. Il en fut de même pour notre nouvel évêque.

Hilaire était donc prêtre et pontife ! Et quel choix eut pu être meilleur : eut-on jamais pû trouver, en ce temps-là, à Poitiers, un autre homme, qui unît en même temps la piété d'un saint et la science d'un savant, la phrase pieuse du prêtre et la phrase éclatante du lettré, la grâce

(1) C'est ainsi que se passaient alors les élections épiscopales.

(2) Cette chapelle dont nous parlons ici, réédifiée par les soins du cardinal Pie évêque de Poitiers, appartenait, hier encore, aux pères Oblats de St-Hilaire. Nous aurons l'occasion d'y revenir dans la deuxième partie de ce livre.

de l'esprit attique et la pondération romaine, en un mot, un homme que ses façons de grand seigneur plaçaient, partout et immédiatement, au premier rang.

Pour la deuxième fois, Hilaire changea son genre de vie : dans sa nouvelle demeure, dépourvue de tout luxe, il allait pratiquer une vie d'ascète, vie de jeûnes, de prières et d'études. Il allait parcourir le vaste diocèse confié à sa paternelle administration, et, sans craindre la froidure de l'hiver, la pluie de l'automne ou la chaleur du printemps et de l'été, il allait faire son devoir : répandre partout le nom du Christ.

Disciples. — A la nouvelle de son élection, les cités des Gaules qui l'avaient vu tour à tour étudier à leurs écoles applaudirent : elles envoyèrent à ce maître qui promettait d'être illustre les plus saints de leurs clercs, et, la cité de Poitiers vit bientôt affluer une foule de jeunes intelligences studieuses, qui venaient se ranger parmi les élèves du seigneur Hilaire.

Saint Martin. — Lienne, Just, Félix, Florent (1), étudiaient déjà depuis plusieurs années, lorsque, un jour, Hilaire se vit abordé, au seuil de sa cellule, par un jeune homme, presque un homme, malingre, chétif, mais portant dans le regard une flamme d'amour divin, qui transfigurait sa laideur primitive.

L'inconnu, s'agenouillant aux pieds de l'évêque, lui demanda la grâce d'être admis au nombre de ses disciples. Hilaire, le relevant, lui donna le baiser de paix en signe d'assentiment, et lorsque, ô miracle, le nouveau venu s'éloigna, aux côtés de son nouveau maître, on constata que la dalle avait conservé la trace des pas des deux personnages (2) : cet étranger se nommait Martin.

(1) Nous consacrons aux disciples de Saint-Hilaire un chapitre spécial dans ce livre.

(2) Cette pierre fut longtemps conservée dans la chapelle nommé St-Martin-entre-les-Eglises. Voir plus loin.

Le nouvel arrivé raconta bientôt sa vie. Nature sauvage, mais robuste, éclose dans un vallon de la Pannonie (1), Martin avait, dès l'âge le plus tendre, appris les prières chrétiennes, à l'insu de ses parents païens. De Pavie où il avait suivi son père, il était passé dans les légions impériales. Une vision du Sauveur lui avait fait quitter l'armée, et il s'était retiré auprès de Maximin, évêque de Trèves, qui l'avait envoyé vers Hilaire (2).

Martin suivit, avec les autres, cette vie d'études et de prières que menaient les disciples de l'évêque. Le miracle qui avait signalé son arrivée sur la terre poitevine le rendit bientôt célèbre. On se montrait avec respect, dans les rues, cet homme, « maigre, nerveux, avec des traits irréguliers, une certaine incorrection dans l'ensemble extérieur, et une rusticité de dehors qui trahissait l'importation danubienne (3) » et qui accomplissait de si grands miracles.

Commentaire sur Saint Mathieu. — Que ne nous est-il permis d'assister aux leçons d'Hilaire et aux entretiens qu'il eut avec Martin ! que ne nous est-il permis surtout de nous glisser au pied de la chaire sacrée d'où il développait à son peuple les enseignements suaves qu'il tirait de l'Evangile selon Saint Mathieu ! Sans doute, grâce à Dieu, le manuscrit nous a conservé ces pages, mais qu'est ceci, auprès de ce que devaient être ces remarquables discours sortis de la bouche de celui que Saint Jérôme appelle « le Rhône de l'Eloquence latine (4) ».

Là, pas d'exclamations, pas de cris ; Hilaire y détaille tout avec une précision merveilleuse et une sévérité de langage étonnante. *Le Commentaire sur Saint Mathieu* fut

(1) Hongrie actuelle.

(2) Saint-Martin avait été baptisé probablement, par Saint-Maximin, de Trèves.

(3) René des Chesnais : *Vie de St-Martin*, p. 22, Dubois édit. Tours.

(4) *Rhodœnus eloquentiæ latinæ Præf. in lib. II Comm ad Galatas.*

bientôt suivi d'un *Commentaire sur Saint Luc*, malheureusement perdu, et entrecoupé d'homélies qui ne sont pas non plus parvenues jusqu'à nous.

..... Plus Hilaire avançait dans la connaissance de Martin, plus il désirait garder pour son Eglise ce slave agreste, et pourtant précieux ; il lui offrit le diaconat : Martin s'y refusa. Il s'obstinait dans son humilité : il dut cependant accepter l'ordre d'exorciste.

Le futur thaumaturge des Gaules semblait attaché pour toujours à l'Eglise de Poitiers : mais Dieu en décidait autrement.

Départ de Martin. — Un matin l'exorciste révéla à son maître un songe qu'il avait eu la nuit précédente, songe dans lequel un ange lui avait enjoint, au nom du Seigneur, de regagner la Pannonie natale (1).

Il fallait obéir. Hilaire ne put s'empêcher de répandre des larmes sur la tête de ce disciple qu'il croyait ne plus jamais revoir.

Martin partit.....

L'heure n'était pas loin non plus, où Hilaire allait lui aussi quitter la terre poitevine, où il allait étendre sa main vengeresse vers l'Orient lointain et entraver l'hérésie, où il allait, fugitif toujours victorieux, travailler et lutter pour le Christ !

(1) Sulp. Sevère : *Vie de St-Martin* liv. I. n. 5.

CHAPITRE IV

Premières Luttes

ARIUS ET SA DOCTRINE. — CONCILE DE POITIERS. — PREMIÈRE LETTRE A CONSTANCE. — CONCILE DE BÉZIERS. — LA CONDAMNATION.

Arius et sa doctrine. — Dès sa naissance, la société chrétienne avait été attaquée par l'hérésie : Simon le Magicien, Montan, Manès, Sabellius, avaient trouvé d'ardents adversaires dans les grands docteurs des trois premiers siècles, et Clément d'Alexandrie, Saint Justin, Saint Irénée, Saint Cyprien, Tertullien et Origène avaient eu bien vite raison de ces fauteurs de troubles.

Au IVe siècle, s'élève une erreur bien plus redoutable, une erreur qui devait mettre en péril l'existence même de l'Eglise, celle d'Arius.

Arius, né en Cyrénaïque, vers 280, était un prêtre d'Alexandrie, « doué de toutes les qualités qui font un grand sectaire (1) ».

Au physique, c'était un ascète, grand et maigre, toujours enveloppé du manteau ecclésiastique... Après maintes disputes théologiques avec Alexandre, son pa-

(1) Villemain. *Tableau de l'éloquence chrét. au IVe siècle* page 97.

triarche, il en était venu à une doctrine impie qu'il se mit à répandre parmi le peuple : dans le Verbe fait homme, il ne voyait, lui, qu'une créature, première en date et première en sainteté, mais sans coéternité, sans égalité avec le Père Tout-Puissant : « Lorsque Arius niait la divinité du Verbe fait chair, dira Monseigneur Freppel, c'est tout le plan divin qu'il effaçait d'un seul trait, cette merveilleuse économie que Dieu s'était plû à tirer de la faute du premier homme, en ouvrant à l'humanité coupable de si hautes perspectives de gloire et de grandeur ! A la place du Fils de Dieu, mettez une créature, si parfaite qu'on la suppose, et l'abîme se creuse de nouveau entre Dieu et l'homme ; la Rédemption perd sa valeur infinie, et la création est découronnée de cette union personnelle qui est la merveille des merveilles du plan divin (1) ».

Tout d'abord, cette proposition causa un scandale immense, on cria à l'impiété, au blasphème ; un synode égyptien anathématisa la doctrine nouvelle : malgré tout, Arius trouva des partisans.

Constantin dut intervenir : il écrivit d'abord une longue lettre au clergé d'Alexandrie, puis, sur le conseil d'évêques, il réunit à Nicée un Concile œcuménique (325) composé de 318 prélats, présidés par le grand Osius de Cordoue. L'hérésiarque y comparut, et, avec acharnement, soutint ses blasphèmes : les Pères effrayés et scandalisés déclarèrent, en des decrets célèbres, dus, en majeure partie, à la plume d'Athanase, que Jésus-Christ, fils de Dieu, était égal à son Père et qu'il lui était consubstantiel. Arius fut anathématisé, exilé, ses livres brûlés.

Pourtant, peu avant sa mort, Constantin se laissa troubler par ses sophismes : il reçut le baptême des mains d'un arien et releva Arius de ses accusations : au moment de rentrer en triomphe à Constantinople, l'hérésiarque mourut subitement.

(1) Mgr. Freppel, *Panégyrique de St Hilaire, prononcé le 16 janvier 1887*, en la Cathédrale de Poitiers.

Les attaques de l'erreur ne devaient pas s'arrêter là : elle eut bientôt pour elle un nombreux parti, non seulement dans l'épiscopat, mais même dans le peuple et à la cour. Des Synodes nouveaux se réunirent, à Antioche, à Sardique, à Sirmium, les uns pour condamner le glorieux Athanase, les autres pour l'absoudre : tous, ils publièrent des formulaires différents, bien faits pour égarer les esprits.

Sur ces entrefaites, Constance dévint seul empereur, à la mort de Magnence : lui, il était franchement arien ; toutes ses faveurs, il les réserva pour les hérétiques, pour ceux du moins qui faisaient parti du groupe *Demi-Arien*, et qui, sous la direction d'Eusèbe de Nicomédie, acceptaient en apparence la foi nicéenne, mais changeaient la formule catholique en une vague formule, exprimant non l'identité, mais seulement la ressemblance du Père et du Fils, tandis que les intransigeants, les anoméens, rejetaient toute identité, toute égalité entre les personnes divines.

Sous un tel prince, l'orthodoxie traversa une crise terrible : les Conciles — comme ceux d'Arles et de Milan — intimidés par l'empereur, faiblissaient. Les chefs vénérés du monde catholique Athanase, Lucifer de Cagliari, Denys de Milan, Eusèbe de Verceil, le grand Osius, le pape Libère lui-même étaient exilés... Sans chefs, sans défenseurs, oppressés, accablés, violentés, que pouvaient les partisans de la Vérité ?

Par bonheur, à ce moment même de général désarroi, Dieu suscita un homme pour relever les courages abattus et reprendre le bon combat : cet homme, ce devait être Hilaire de Poitiers (1).

(1) Consulter : Maubourg, *Histoire de l'Arianisme*, Paris, 1675 ; Lenain de Villemont. *Mémoires pour servir à l'hist. eccl. des 6 premiers siècles.* T. VI. — Mœhler : *Athanasius der Gross und seine Zeit*, trad. Cohen, Paris 1850.

Concile de Poitiers. — Ses luttes, il les commença par un coup de maître : autour de lui, il réunit un synode d'évêques qui, solennellement, chargèrent d'anathèmes Ursace, Valens, proscripteurs d'Athanase, et Saturnin d'Arles.

Le concile chargea alors son président de transmettre ses réclamations à l'Empereur : Hilaire se mit à la tâche, et, de sa plume, jaillit ce chef-d'œuvre de politesse, de déférence et de modération, qu'est la *Première Lettre à Constance* (1).

Première lettre à Constance. — Ce premier livre n'est qu'un long plaidoyer en faveur de la liberté religieuse, que l'âme large et tolérante d'Hilaire revendique non seulement pour ses coreligionnaires, mais encore pour tous, orthodoxes ou ariens.

(1) « Jérome de Prato, de l'oratoire de Vérone, soutient dans son « édition de Sulpice-Sevère, que la première partie du premier livre à « Constance jusqu'au numéro 6, n'est autre chose que la lettre du « Concile de Poitiers rédigée par Saint-Hilaire. Le commencement est « en effet tout à fait différent de la suite à partir du numéro 6. De « l'aveu des meilleurs critiques, ce sont même deux fragments de « deux ouvrages distincts. La première partie est manifestement une « supplique à l'Empereur, rédigée au nom de plusieurs. La seconde « n'est pas moins évidemment tronquée, et, de plus, l'auteur cette fois « y parle en son nom et sur le ton d'un historien, ou d'un polémiste. « On y suppose, dès le début, qu'il a été question précédemment de « *Saints personnages* (*sancti illi viri*, n° 6) qui ont absout Saint-Athanase, ce qui désigne suffisamment les pères du Concile de Sardique. « Plus loin, l'auteur affirme qu'il a déjà parlé du Concile de Nicée (n° 8), « toutes choses dont il ne reste aucune trace dans la rédaction « qui nous est parvenue. Dom Chamard, à qui nous empruntons ces « réflexions partage l'avis de Jérome de Prato. Nous nous y rangeons « pareillement. Il est impossible qu'un lecteur attentif ne remarque des « lacunes dans cette œuvre d'Hilaire. Il reste bien entendu toutefois « que cette lettre est toute entière du même rédacteur » (*Vie de Saint « Hilaire, év. de Poitiers*, par l'Abbé Barbier. Addenda « p. 425).

« O toi, dit-il, bienheureux empereur (1), toi que Dieu a fait libéral de nature, tu l'es aussi de volonté. Ta bienveillance de père ne nous a-t-elle pas déjà inondé de sa miséricorde ? C'est pourquoi, j'ose penser que tu m'exauceras, moi aussi. Pieux empereur, non seulement par mes paroles mais par mes larmes, je te supplie de ne pas laisser plus longtemps l'Eglise Catholique en butte aux outrages les plus cruels et à la persécution la plus intolérable, à celle qu'infligent des frères » !...

C'est à lui Constance (2) qu'il incombe de donner des ordres aux magistrats, afin que ceux-ci ne s'occupent point des questions religieuses qui ne sont aucunement dans le domaine de leurs attributions, et qu'ils ne persécutent point le peuple chrétien contre lequel ils ne peuvent rien et qui leur crie : « *Je suis catholique, je ne veux pas être hérétique ; je suis chrétien, je ne veux pas être arien* (3) ».

La lumineuse intelligence de l'empereur doit comprendre que rien n'est plus injuste que d'arracher aux évêques les troupeaux que le Ciel leur a confiés, et de ne laisser la paix qu'aux seuls Ariens, tandis que les plus vénérables pontifes languissent, exilés.

Et d'ailleurs l'Arianisme est contemporain ; qu'ont donc à revendiquer ses partisans ? — Est-ce que, depuis quatre cents ans bientôt, les apôtres, les martyrs et les docteurs, ont ouï parler d'Arius et de sa doctrine ? — D'ailleurs Dieu ne veut pas d'hommages forcés. A quoi servent donc ces crimes horribles commis par les novateurs, évêques emprisonnés, fidèles espionnés et fustigés, vierges violées, toutes atrocités commises au nom de l'Empereur ?...

(1) *Première lettre à Constance*, au début.
(2) Nous analysons ici la première lettre de Saint Hilaire à l'Empereur Constance.
(3) *Catholicus sum, nolo esse hereticus — christianus sum, non arianus.* Ces belles paroles se chantent en la fête du Glorieux Evêque.

Que Constance se rassure. La Gaule n'a jamais été plus tranquille. Le péril vient, si péril il y a, des fauteurs de l'hérésie, Eusèbe de Nicomédie, Eusèbe et Asace de Césarée, Ménophante d'Ephèse, et enfin ces enfants ignorants et pervers (1), Ursace et Valens (2)...

Colère de l'Empereur. — Quand Constance reçut la lettre de cet inconnu qui osait lui résister, sa colère devint terrible. Il résolut de perdre coûte que coûte cet évêque qui avait la prétention de conseiller Son Impériale Majesté !

Colère de Saturnin. — De plus d'autres ennemis, redoutables aussi, menaçaient le courageux pontife. Ursace, Valens, Saturnin d'Arles surtout, furieux de l'anathème sur eux jeté par le Concile de Poitiers, rêvaient en leurs nuits tourmentées une vengeance éclatante.

Hilaire, confiant en Dieu et fort de l'appui des orthodoxes, restait calme et sans peur au milieu de son peuple, l'exhortant de ses conseils et l'instruisant de ses exemples, se souciant peu de l'orage qui grondait au loin (3).

..... Saturnin et ses amis, après avoir bien réfléchi, trouvèrent qu'il serait bon, peut-être, de réunir un Concile et d'y convoquer Hilaire. Béziers au bord de la Méditerranée fut choisi comme lieu de réunion. L'évêque de Poitiers s'y rendit.

Lorsque les tours de sa cité eurent disparues au tournant du chemin, lorsqu'il eut cessé de fouler la terre poitevine, Hilaire sentit la tristesse tomber sur son âme. Un

(1) Ce sont les expressions employées par St Hilaire lui-même.

(2) Le manuscrit de la 1e lettre à Constance s'arrête malheureusement ici.

(3) Hilaire approfondissait le Grec, pressentant des luttes prochaines. Son professeur, un érudit poitevin, se nommait Héliodore et était prêtre. Voyez sur lui *Hist. littéraire de la France* par les Bénédictins de St-Maur Paris, Osmont T. I page 194.

secret pressentiment l'avertissait que, de longtemps peut-être, il ne reverrait le sol béni qui l'avait vu naître et les êtres chéris qu'il y laissait.

..... Hilaire arriva à Béziers..... Il se présenta au seuil de l'assemblée. Lorsqu'il eût vu les regards méchants dirigés sur sa noble figure, lorsqu'il eût vu Saturnin sur le siège présidentiel, alors, il comprit le but de cette réunion, il comprit qu'on lui en voulait à lui et à son courage.

Il refoula un moment encore les sentiments qui l'agitaient : il attendit.

Concile de Béziers. — Bientôt le concile s'ouvrit (1), sous la présidence de Saturnin. La première parole prononcée par l'Arien fut une injure pour le Christ. Le cœur d'Hilaire bondit dans sa poitrine. Jamais sa foi simple et lumineuse de nouveau converti n'avait pu imaginer de pareils blasphèmes.

Puis Saturnin proposa de condamner encore une fois le glorieux Athanase et d'ajouter un fleuron de plus à la couronne déjà brillante que les condamnations multipliées formaient autour de ce front vénérable.

A ce moment, Hilaire se leva, et, se plaçant face à Saturnin, il l'accusa de vouloir condamner la Vérité en condamnant Athanase et d'introduire l'erreur dans la société du Christ. Puis il offrit de prouver que ce qu'il avançait était la Vérité.

Déposition. — Apeurés, les hérétiques se taisaient devant ce mâle langage. Bientôt cependant le tumulte reprit, et, quittant la salle, les évêques suivirent Saturnin dans un local voisin, d'où ils lancèrent contre Hilaire une sentence de déposition.

(1) Nous ne connaissons le Concile de Béziers que d'après la relation qu'en a faite Saint Hilaire lui même. *Lib. cont. Const*, n° 2. (Voir *Histoire littéraire de la France* T. I. p. 117).

Rhodane de Toulouse. — Un seul homme n'avait point quitté le vaillant pontife qui était et son soutien et son conseiller. Cet homme était Rhodane évêque de Toulouse, caractère doux, bon et faible, incapable sans le secours de son saint ami (1). Il fut lui aussi déposé.

Ordre d'exil. — Bientôt arriva de Byzance dans la cité de Béziers un ordre impérial, condamnant à l'exil Hilaire et Rhodane, ordre arraché à l'indifférence coupable du César Julien et au ressentiment de l'Empereur.

Trompé par un rapport mensonger du Concile et une attestation non moins fausse (2) de la moralité du saint docteur, Constance, déjà prévenu contre Hilaire, avait donné cet ordre d'exil avec un plaisir d'autant plus vif qu'il satisfaisait pleinement ses plus secrets désirs.

Hilaire obéit à cet inique commandement qui l'arrachait à sa cité paisible, pour le jeter au milieu de la montagneuse Phrygie.

Cette obéissance grandit encore ce noble caractère trop peu connu, cette belle figure d'évêque proscrit pour sa foi et de pontife qui n'a pas voulu acheter sa liberté par un lâche silence !

(1) Sulpice Sévère. Rhodane, véritable martyr, n'a jamais été honoré comme Saint.

(2) Nous ignorons quels sont les crimes qui furent imputés à Hilaire par ses ennemis. Le St docteur ne nous en parle que comme de crimes indignes du caractère de l'évêque et même de l'honnête homme.

CHAPITRE V

L'Exil

L'EGLISE DE POITIERS AU DÉPART D'HILAIRE. — ARRIVÉE EN PHRYGIE. — VIE QU'Y MÈNE LE SAINT EXILÉ. — LES TRAVAUX DE L'EXIL. — LETTRE A ABRA.

L'Eglise de Poitiers. — L'Eglise de Poitiers apprit sans tarder le sort de son pontife : elle apprit qu'il avait été enlevé par d'infâmes ariens et jeté sur un vaisseau qui devait le transporter vers la lointaine Asie.

Arrivée en Asie. — Pendant ce temps Hilaire et Rhodane arrivaient en Phrygie. Ils s'établissaient au milieu du peuple, d'où ils pouvaient voir les désordres qui avaient pour source l'hérésie, et l'Evangile, livré au libre arbitre de chacun, déshonoré par les versions les plus scandaleuses, d'où ils pouvaient voir aussi ces infinités de sectes dont riaient les païens, et enfin l'hypocrisie, la haine et le scandale, à la place de la sincérité et de l'amour du prochain, qu'avait enseigné le Christ (1).

(1) C'est une tradition poitevine que Saint Lienne, Saint Just, dont nous raconterons plus loin la vie édifiante, (et aussi *peut-être* le prêtre Héliodore) aient accompagné Hilaire dans son exil. On voit en effet d'autres prélats, tels Lucifer de Cagliari ou Eusèbe de Verciel, accompagnés en exil par leurs clercs.

« A peine, s'écrie Hilaire, à peine ici rencontre-t-on un « évêque ou un peuple fidèles à la foi de Nicée... A part « l'évêque Eleusius et avec lui un nombre de chrétiens, « combien petit ! les dix provinces asiastiques, où, en ce « moment j'habite, véritablement, ne connaissent point « Dieu (1) ».

Le cœur des deux évêques saignait à ce spectacle. Le courage d'Hilaire ne s'affaiblit cependant point : il vit l'étendue du mal et le remède qu'on pouvait lui opposer.

Vie qu'il mène. — Il se mit dès lors à l'œuvre. Il n'était pas de ces âmes à profiter de l'exil pour rester inactives. Non seulement par ses paroles et par ses écrits il allait lutter, mais aussi par ses actes.

La conciliation était le seul remède. Hilaire le vit. Il abandonna donc ces dédains d'antan, et ce fut lui qui le premier s'adressa aux hérétiques, qui le premier les salua, afin de pouvoir un jour « les emporter tous dans le sein de Dieu (2) ».

On le vit entrer dans leurs temples, assister à leurs cérémonies, leur donner le baiser de paix. Hilaire sacrifiait tout à son amour pour le Christ : famille, bonheur, paix, richesses, inclinations même, il oubliait tout cela, sans se plaindre, confiant dans un avenir plus lumineux, plus heureux.

Travaux de l'Exil. — Sous l'ardeur étiolante du ciel phrygien, son cerveau puissant n'arrêta pas un moment son incessant travail. Il enfanta là-bas deux œuvres étonnantes et de connaissances et de dignité : nous voulons parler des livres *de la Trinité* et *des Synodes*. Un prochain chapitre nous montrera l'esprit de ces deux ouvrages.

(1) *De Synod.*, n° 63.
(2) Abbé Barbier *loc. cit.*, p. 37.

Exilé, malheureux, le pontife s'était tourné vers « le patron des malheureux », si j'ose m'exprimer ainsi, vers *Job*, et de sa main s'était écoulée une œuvre pleine d'intérêt sans doute, mais que les Vandales du xvie siècle n'ont pas su conserver à notre admiration (1).

Mort de Rhodane. — A l'exil ne devaient pas se borner les peines du glorieux confesseur. Du moins il était consolé par la présence de son ami Rhodane. Dieu ravit cette âme trop faible pour ce ciel trop brûlant, et enleva ainsi à Hilaire la consolation précieuse de l'amitié. Le pontife se remit au travail avec plus d'acharnement encore, et de son cerveau enfiévré sortit le *Commentaire sur le cantique des cantiques*, tandis que ses religieuses aspirations s'élançaient en *hymnes* pieuses, grâce à Dieu aujourd'hui en partie retrouvées (2).

(1) L'incendie allumé par les huguenots en 1562 à la bibliothèque du chapitre de Saint Hilaire-le-Grand de Poitiers nous a privé des œuvre *complètes* du Saint Docteur qui y étaient conservées.

(2) Saint Hilaire fut le premier hymnographe latin, puisque Saint Ambroise ne fut évêque de Milan que treize ans après la mort de notre Saint. On attribue à Saint-Hilaire les hymmes suivantes : a) *Lucis largitor* — b) *Deus pater ingenite* — c) *In matutinis surgimus* — d) *Deus creator omnium* — e) *Jam meta noctis transiit* — f) *Jesus refulsit omnium* — g) *Jesus quadragenariæ* — h) *Beatanobis gaudia.* On cite de plus une hymne évangélique « *hymnumdicat* » que le mss. 207-8 de la bibliothèque de Bruxelles nous indique comme envoyée par Saint Hilaire à Abra.

Le chevalier Gamurrini, administrateur de la bibliothèque d'Arezzo, découvrait en 1885 un manuscrit du xie s. contenant le traité *des Mystères* et des hymmes de Saint Hilaire. C'étaient :

1° *Felix propheta David, primus organi* (malheureusement tronquée). 2° le chant de triomphe *Fefellit sævium* (également tronqué), et une *hymme contre Satan.*

D'aucuns ont donné à SaintHilaire la paternité du « *Te Deum* », du « *Gloria in excelsis* », du « *Crux fidelis* » et du « *Ut queant laxis.* » Consulter Dom J. Parisot. *Hymnographie Poitevine : Saint Hilaire* et « *Sancti Hilarii tractatus de mysteriis et hymni Gamurrini*. Roma 1887.

Lettre à Abra. — Il n'oubliait pas non plus la vieille terre Gauloise qui contenait les êtres chers à son cœur : il n'oubliait pas son épouse et son Abra, grande déjà et douée d'une précoce intelligence : des lettres qu'il leur adressa, une seule, toute charmante celle-là, nous a été conservée, adressée à cette heureuse enfant.

Un tiède croyant du XVIe siècle Erasme n'y a vu qu'un amusement d'homme oisif : mais pour quiconque connaît bien l'âme d'Hilaire, le doute n'est plus. On nous permettra de la citer en entier (1) :

« Hilaire, évêque, à sa chère Abra, salut.

« J'ai reçu ta lettre qui m'apprend que tu me regrettes. Je crois à ce regret, car je sais combien est désirable la présence de ceux que nous aimons. Sachant que mon absence t'est pénible, je ne veux pas que tu me croies moins aimant parce que je suis longtemps loin de toi. J'ai voulu m'excuser de mon départ et t'en donner les raisons ; tu verras que je ne t'oublie pas, mais que je te suis utile. Car tu es ma fille unique, par l'âme et par le sang ; aussi voudrais-je que tu fusses belle et sage entre les femmes.

« J'ai appris naguère qu'un jeune homme possédait une perle et un vêtement sans prix : qui les obtiendrait de lui, aurait des richesses dépassant tous les biens humains. A cette nouvelle je suis parti pour chercher ce jeune homme. Après un voyage long et difficile, je l'aperçus et je tombai à ses pieds. Ce jeune homme est si beau que nul en sa présence n'oserait rester debout. Lorsqu'il me vit prosterné, il me demanda ce que je voulais et ce que je demandais. Je répondis qu'on m'avait parlé de sa robe et de sa perle et que j'étais venu pour cela ; que j'ai une fille tendrement aimée, pour laquelle je voudrais qu'il me donnât la perle et le vêtement. Et la face contre terre, versant des

(1) Traduction du R. P. Largent. *St.-Hilaire*, p. 55.

3

larmes, gémissant jour et nuit, je le suppliai d'exaucer ma prière.

« Ensuite — comme il est bon et rien au monde n'est meilleur que lui — le jeune homme me dit : « As-tu vu cette perle et cette robe que tu demandes avec larmes pour ta fille ? — Oui, Seigneur, répondis-je, on m'a instruit de leur prix et j'y crois ; elles sont excellentes et elles sauvent qui se revêt de la robe et se pare de la perle ». Aussitôt il ordonna à ses ministres de me montrer la robe et la perle ; ce qui se fit aussitôt. La robe me fut présentée d'abord : j'ai vu, ma fille, ce que je ne puis rendre. Comparée à sa finesse, la soie ne serait-elle pas une toile grossière ? Comparée à sa blancheur, la neige ne paraîtrait-elle pas noire ? L'or auprès de sa splendeur ne paraîtrait-il pas livide ?... Et puis j'ai vu la perle et je tombai, ravi, car mes yeux ne pouvaient en soutenir l'éclat. A sa beauté ne s'égalent ni la lumière du ciel, ni l'azur des mers, ni toutes les magnificences de la nature.

« Tandis que j'étais ainsi prosterné, l'un des assistants me dit : « Je vois que tu es un père bon et attentif, et que tu désires pour ta fille cette robe et cette perle : pour enflammer encore ton désir, je t'en révélerai les propriétés merveilleuses. Cette robe n'est jamais dévorée par les vers, on ne l'use pas, on ne la perd pas, on ne la déchire pas, elle reste toujours telle qu'elle est. Et cette perle préserve celui qui la porte, de la maladie, de la vieillesse et de la mort...

« A ces mots je défaillis du désir de posséder la perle et la robe ; prosterné, je disais au jeune homme, par mes larmes et mes prières : « Seigneur, prends en pitié ma demande, mon inquiétude, ma vie. Si tu ne m'exauces pas, je serai bien malheureux, et quoi qu'elle vive encore, je croirai avoir perdu ma fille. Pour obtenir ces trésors j'entreprendrais le plus long voyage : Seigneur, tu sais que je ne mens pas.

« Quand j'eus parlé, le jeune homme me releva. « Tes

prières et tes larmes m'ont touché, dit-il ; ta confiance ne t'a pas déçu. Et puisque tu es prêt à donner la vie pour cette perle, je ne te la refuserai pas. Mais sache à quelles conditions. La robe est telle que celui qui s'en veut vêtir doit renoncer à tous tissus de couleur, de soie et d'or. Mais je ne la donnerai qu'à celle qui aura porté des vêtements d'étoffe simple et sans teinture. Pas de robe de pourpre, non plus ; seulement une étroite bande de pourpre, puisque c'est l'usage. Et la perle est de telle nature que personne ne la peut avoir, qui aurait eu d'autres joyaux ; les autres perles sortent des entrailles de la terre ou des abîmes de l'Océan ; ma perle est belle et précieuse, sans rivale ; elle vient du ciel et dédaigne d'être là où il y a d'autres perles... J'accorderai à tes demandes cette robe et cette perle pour que tu les portes à ta fille. Mais auparavant tu dois savoir ce qu'elle veut. Qu'elle se rende digne de cette perle et de cette parure, en méprisant les tissus d'or et de soie ».

« Le jeune homme s'est tû ; joyeux je me relève, et muni de mon secret je t'envoie cette lettre, en te suppliant, avec larmes, de te réserver pour cette robe et cette perle, et de ne pas affliger ton vieux père, en les repoussant à grand dommage. J'en atteste, ma fille, le Dieu du ciel et de la terre, rien ne vaut de tels trésors ; les posséder dépend de toi. Si donc on t'offre un autre vêtement — robe de soie, robe aux brillantes couleurs, robe aux broderies d'or — réponds à qui te l'offre : « J'en attends une autre, et mon père est en voyage depuis longtemps pour la rapporter. En attendant, la laine de mes brebis me suffit, sa couleur naturelle me suffit, un tissu modeste me suffit : du reste le seul vêtement que je désire c'est celui qui ne sera jamais ni rongé, ni usé, ni déchiré ». Et, si l'on te présente colliers ou bracelets de perles, réponds : « A Dieu ne plaise que ces vaines et viles parures me soient une entrave ? j'en attends une autre vraiment plus précieuse, belle, profitable. J'ai foi en mon père, et mon père a foi en Celui qui lui a promis le trésor pour lequel mon père s'est déclaré prêt à mourir ».

« Donc, ma fille, aie pitié de ma sollicitude ; relis ma lettre, et réserve toi pour cette robe et pour cette perle. Réponds-moi sans consulter personne... Sur ta réponse affirmative... je te ferai connaître quel est ce jeune homme, ce qu'il veut, ce qu'il promet, ce qu'il peut. En attendant, je t'envoie deux hymnes à chanter, l'une le matin, l'autre le soir en souvenir de moi. Si ton âge t'empêchait de saisir le sens de ces hymnes et de cette lettre, demande-le à ta mère, dont l'unique désir fut de t'enfanter pour Dieu.

« Que Dieu qui t'a crée, te garde ici-bas et dans l'éternité, fille très regrettée » !

Hymnes. — Les deux hymnes annoncées étaient les suivantes.

HYMNE DU MATIN (*Lucis largitor*)

— Créateur divin de la lumière, ô toi dont le Verbe étincelant vient éclairer la terre des mortels après une nuit profonde et ténébreuse.

— Oui, tu es l'astre vrai du matin, mais pas celui dont la lueur qui tremble annonce que voici l'aurore.

— Tu es Celui dont la clarté est plus brillante que l'éclat même du soleil, car elle est le jour et l'existence des âmes.

— Auteur de toutes choses, oh, écoute mes supplications : Répands sur moi un rayon de ta grâce, de cette grâce qui, remplissant les corps de ton esprit, les transforme.

— Donne-moi encore la faveur éclatante de porter mon Dieu. Ne permets pas que le démon ravisseur me prenne dans ses embûches.

— Puissé-je toujours, au milieu des tracas et des sollicitudes de la vie, conserver, grâce à toi, mon innocence et ne pas violer tes lois.

— Puisse la pudeur garder mon corps, temple où rien ne doit offenser le Paraclet divin.

— Voilà ce que, suppliante, te demande mon âme, voici ce qu'elle te demande dès le point du jour. O astre du matin, éclaire moi dans la nuit obscure (1) !

(1) Cl. Racine. *Hymnes traduites du Bréviaire Romain* : Le Lundi à *laudes*.

Source ineffable de lumière,
Verbe en qui l'Eternel contemple sa beauté,
Astre dont le soleil n'est que l'ombre grossière,
Sacré jour, dont le jour emprunte sa clarté ;

Lève toi, soleil adorable.
Qui de l'Eternité ne fait qu'un heureux jour,
Fais briller à nos yeux ta clarté secourable,
Et répands dans nos cœurs le feu de ton amour.

Prions aussi l'Auguste Père,
Le Père dont la gloire a devancé le temps,
Le Père tout puissant en qui le monde espère,
Qu'il soutienne d'en haut ses fragiles enfants.

Donne nous un ferme courage,
Brise la noire dent du serpent envieux ;
Que le calme, grand Dieu, suive de près l'orage ;
Fais-nous faire toujours ce qui plaît à tes yeux.

Guide notre âme dans ta route,
Rends notre cœur docile à ta divine loi :
Remplis-nous d'un espoir que n'ébranle aucun doute,
Et que jamais l'erreur n'altère notre foi.

Que le Christ soit notre pain céleste,
Que l'eau d'une foi vive abreuve notre cœur :
Ivres de ton esprit, sobres de tout le reste,
Daigne à tes combattants inspirer ta vigueur.

Que la pudeur chaste et vermeille.
Imite sur leurs fronts la rougeur du matin ;
Aux clartés du midi que leur foi soit pareille ;
Que leur persévérance ignore le déclin.

L'aurore luit sur l'hémisphère,
Que Jésus dans nos cœurs daigne luire aujourd'hui,

HYMNE DU SOIR (*ad cœli clara*)

Vers les étoiles brillantes je ne suis pas digne de lever mon regard misérable, mon regard courbé vers la terre par la lourdeur de tant de crimes. Christ, pitié pour mon impuissance !

— J'ai oublié ce qui m'était commandé et accompli ce qui m'était interdit. La boue du péché a souillé mon esprit. Ces âmes que tu as rachetées par ta vie, Christ, sauve-les !

— Et lorsque, de mon cœur qui veut être fidèle, part cette humble prière, je voue à la malédiction, les blasphèmes d'Arius et de Sabellius, Judas nouveaux que je n'ai jamais écoutés.

— Je respecte et j'adore tendrement ton nom, ô Christ. L'Eglise m'a, dès la jeunesse, nourri du lait de son sein de mère, et jamais je n'irai étancher ma soif aux sources qu'empoisonne l'erreur.

Peu de temps après cet envoi, un parti se présenta pour la jeune fille. Le fils du gouverneur de Poitiers, épris de la beauté et de l'intelligence d'Abra, demanda sa main. L'offre était honorable. Le cœur de la jeune fille n'hésita pourtant point. Pour toute réponse elle montra la lettre paternelle qui indiquait suffisamment sa décision. Elle choisissait la Robe et la Perle de la félicité et de l'innocence éternelle...

Jésus, qui tout entier est dans son divin Père,
Comme son divin Père est tout entier en lui.

Gloire à toi, Trinité profonde,
Père, Fils, Esprit-Saint : qu'on t'adore toujours,
Tant que l'astre des temps éclairera le monde,
Et quand les siècles même auront fini leur cours !

CHAPITRE VI

Les Livres de la Trinité. Le Livre des Synodes

Livres de la Trinité. — L'œuvre capitale d'Hilaire fut un monument érigé en l'honneur de la divine Trinité, alors si outragée et si peu défendue : « J'écrirai, se dit Hilaire, j'écrirai pour clore la bouche à tous ces gens qui parlent des trois personnes divines et qui ne les connaissent point. J'écrirai et je mettrai là toute mon âme, toutes mes facultés et toute mon intelligence, au service de mon Dieu ».

Et Hilaire se mit à l'œuvre...

Le « *de Trinitate* » fut divisé en douze livres principaux : « la démonstration d'Hilaire se déroule, paisible, avec la clarté de l'enchaînement logique et son traité élevé tout entier à la région des idées éternelles est propre à éclairer tous les siècles (1) ».

Nous ne pouvons faire mieux que d'exposer ici le plan de ces douze livres qui ont valu à leur auteur l'admiration de tous les temps.

(1) De Broglie. *L'Eglise et l'Empire au* IV*e* *siècle.* 2e partie, chap. IV.

Analyse. — Le premier livre, nous le connaissons déjà : c'est celui où Hilaire peint, de cette main si sûre, les angoisses qu'il a eu à souffrir et les difficultés qu'il a eu à traverser, lorsque son âme en est venue à la connaissance du Dieu de l'Evangile. Il se termine par un aperçu de tout l'ouvrage, tel qu'il se présentera dans les XI livres qui suivront, et par une invocation où Hilaire demande à Dieu, non seulement ses lumières, mais encore l'éclat du style (*dictorum honorem*).

Le second livre nous initiera à la doctrine orthodoxe de la Trinité. Ce sera lui qui sera le fondement d'où découleront les démonstrations postérieures. Il nous expliquera successivement, avec une série d'expressions sublimes, quel est le Père, source et naissance de toutes choses, infini, éternel et incompréhensible, quel est le Fils, vertu de vertu, vérité de vérité, figure du Père, quel est le Saint-Esprit, éclat et splendeur des âmes.

Dans le troisième, l'auteur s'efforce de développer et de prouver la parole : « Je suis dans le Père et le Père est en moi » — et « mon Père et moi nous sommes un », c'est-à-dire le sujet, si actuel alors, de l'éternelle consubstantialité du Verbe.

Le quatrième et le cinquième livres sont tout entiers composés des réfutations des sens extravagants donnés au mot consubstantiel par les Ariens, auxquels il oppose Moïse et les prophètes.

Au septième livre, il coordonne tous les arguments et prouve la divinité du Verbe par deux preuves principales tirées de l'Evangile : le Livre Saint donne à Jésus le nom de Dieu — tout ce qu'on y lit sur les actions du Christ prouve surabondamment sa divinité.

Dans le livre VIII, l'auteur démontre la consubstantialité du Père et du Fils et, dans le livre IX, examinant tous les passages où le Christ semble inférieur à son Père, Hilaire en arrive à prouver l'égalité entre les deux personnes divines.

Quant aux dixième et onzième livres, ils ont trait à la Passion et à la Résurrection du Sauveur, qui, Dieu, était impassible, mais qui aussi, homme, pouvait et souffrir et mourir.

Enfin le douzième, résumant tout, fait éclater, lumineux, le dogme de la Trinité : il se termine par la profession de foi de cet homme qui se dit ignorant et peu capable, mais qui a mérité, et c'était justice, de partager avec les plus illustres pontifes du monde chrétien, avec Augustin, Ambroise, Grégoire, Jérôme, Thomas, le glorieux titre de Docteur de l'Eglise Universelle !

Admiration des siècles pour cet ouvrage. — Les livres de la Trinité ont attiré à Hilaire une admiration constante, dans tous les temps, dans tous les pays.

Saint Jérôme, qui n'avait osé, par respect, écrire la vie du grand Hilaire, après la lecture de cette œuvre éclatante s'écriait : « Non, je n'ose reprendre un homme tel qu'Hilaire, l'écrivain le plus éloquent de son siècle, cet homme dont la foi, les vertus, les ouvrages sont admirés partout où l'Eglise est connue », et il compare, plus loin, Saint Hilaire et Saint Cyprien à deux arbres immenses, à l'ombre desquels l'Eglise s'est élevée.

Saint Augustin, qui devait imiter l'ouvrage du grand docteur gaulois nous dit :
cesseur :

« Personne ne peut ignorer cet évêque si vénérable, ce défenseur si invincible de la foi, ce docteur si illustre des Eglises (1) » !

« Cassiodore, nous dit Tillemont, met ces livres sur la Trinité à la teste de tous ceux qu'il faut lire pour con-

(1) Au XVIe s. l'admiration était aussi vive pour cet ouvrage. Témoin ce que en, 1570, dit G. Brun de Cologne : « *St Hilaire qui escrivit avec tant d'élégance ces 12 tant excellents livres de la Trinité, qui auront vie et durée perpétuelle* » (*Tableau des princ. villes du monde*)

firmer la foy de l'Eglise sur ce mystère et éviter les pièges des hérétiques (1) »...

Et ces louanges, si méritées, sorties de la bouche de si illustres personnages accroissent encore notre admiration pour cet évêque, qui a su mériter en même temps les noms glorieux de marteau des Ariens, de fléau des hérétiques et de Rhône de l'Eloquence latine.

Livre des Synodes. — Hilaire n'avait cessé de communiquer avec les évêques gaulois, mais leurs lettres, malheureusement interceptées, avaient laissé le glorieux exilé sans nouvelle de son pays. Enfin après ce long silence qui commençait à inquiéter le confesseur, on vit arriver un groupe de pèlerins lointains qui apportaient à Hilaire une lettre rédigée par les évêques de l'Occident Natal.

« Nous ne faiblissons point, disait la missive, et, ayant encore devant les yeux l'exemple de votre courage magnanime, nous tenons bon devant l'hérésie. A votre exemple nous stigmatisons ce qui doit être stigmatisé et accueillons ce qui doit être accueilli... Voyez, vénérable père, réunis et forts de l'appui de Dieu et de votre approbation, nous venons de repousser le formulaire, « impie par excellence (2) », de Sirmium, et nous tenons toujours pour excommuniés Saturnin, Paterne, Ursace et Valens, que vous avez, vous-même, séparés de notre communion. L'épiscopat de Germanie, Bretagne et Gaule, vous reconnaîtra toujours pour son chef et pour son maître ».

A ces paroles le cœur d'Hilaire ressentit une douce joie, et quand les envoyés se retirèrent ils emportaient un joyau précieux, réponse de l'exilé : le livre des *Synodes*.

Les deux Eglises d'Orient et d'Occident, se jalousant

(1) *Cassiodore. Institutiones divinarum et secularium lectionum* lib. I. Cap. 16.

(2) Ce sont des termes sortis de la bouche d'Hilaire.

chacune, s'accusaient mutuellement, l'une d'Arianisme, l'autre de Sabellianisme. Il fallait faire cesser cette rivalité inopportune : tel est le but du livre des Synodes (1).

L'auteur y examine successivement les formulaires des divers conciles, depuis 325, époque du grand concile Nicéen, cherchant toujours à faire ressortir les déclarations orthodoxes des diverses assemblées et justifier tout ce qui n'y contredit pas ouvertement la vérité.

Il essaye d'excuser l'Orient et de pousser dans un prochain baiser les deux Eglises-Sœurs. Belle pensée dont la modestie d'Hilaire demande pardon à ses frères, après leur avoir recommandé de se souvenir dans leurs prières de lui, pauvre et malheureux exilé.

Les résultats du « *de Synodis* » auraient pu être immenses. Il sembla que l'Occident, rassuré par la lettre d'Hilaire sur l'esprit oriental, se rapprochait de l'Orient, à son tour moins prévenu contre lui : la conciliation allait-elle donc se produire ? Hélas ! ce temps n'était pas encore arrivé.

L'Empereur était là, génie malfaisant, qui pour le moment semblait délivré de ses entraves : l'orthodoxie ne pouvait cependant le compter parmi ses défenseurs. Il avait autour de lui une cour trop mauvaise, cour de courtisanes sectaires et de prélats courtisans, qui étouffait ses bons instincts.

Quoiqu'il en soit, Dieu semblait pour le moment bénir les plus secrets désirs d'Hilaire : un grand concile allait se réunir !...

(1) *Seu de fide Orientalium.*

CHAPITRE VII

Séleucie et Byzance

LE GRAND CONCILE. — SELEUCIE. — BYZANCE. — DEUXIÈME LETTRE A L'EMPEREUR. — CONTRE CONSTANCE

De tous les points de l'immense Empire, un cri avait retenti : « Le concile, le concile ! L'Empereur va réunir le concile ». Au fond de sa poitrine le cœur d'Hilaire tressaillit d'espérance. « Mes luttes, mes écrits, mon exil, ma vie toute entière auront donc été utiles. Mais, Seigneur, j'accepte de rester toujours exilé, pourvu que la vérité triomphe » !

Il allait se diriger vers Nicée, lieu d'avance fixé, dans la voiture mise à sa disposition par l'autorité impériale, lorsqu'on apprit que l'Empereur avait changé de résolution. Le souvenir du vieux proscrit, du vieux vainqueur (1), de l'auguste Athanase, âme de la vérité, avait arrêté son courage chancelant. On n'osait affronter Nicée une deuxième fois !

— « Que les pontifes prennent la route de Nicomédie, fut-il dit », et les évêques se mirent en marche. Une nouvelle, terrible, inattendue, arrêta encore leur voyage : « Nicomédie brûle, répétait-on autour d'eux... Des mon-

(1) On sait que c'est grâce au vaillant Athanase que la vérité avait triomphé en 325 à Nicée.

ceaux de morts se rencontrent sous ses édifices croulants, et bientôt de cette cité fameuse, il ne restera que la fumée de l'incendie » !

Il fallait trouver un autre lieu de rendez-vous. L'empereur réfléchissait, lorsqu'un prélat de son entourage lui suggéra une idée lumineuse : « Scindons le concile, dit-il, afin de perdre le *Consubstantiel*, et afin de faire renaître entre les deux Eglises les divergences d'opinion que l'évêque Hilaire était sur le point de faire cesser » !

Toute la cour applaudit : Constance décida que l'Occident se réunirait à Rimini, et l'Orient à Séleucie, sur les bords de l'Oronte.

Séleucie. — Les évêques arrivaient. L'Orient ne fournit néanmoins qu'un nombre bien minime, cent-cinquante prélats environ. Des exilés, si nombreux alors, un seul avait été convoqué : c'était Hilaire. Son nom était trop connu pour que sa présence n'émût pas le concile. Les ariens, intransigeants, les anoméens redoutaient ce mâle courage, dont ils avaient déjà tant à se plaindre. On entendit prononcer le mot de sabellien. Hilaire alors se levant : « On m'accuse de Sabellianisme, dit-il, que l'on écoute donc ma profession de foi ».

Et de sa bouche, vibrant, sortit le symbole de Nicée. On ne pouvait rien lui reprocher.

..... Les portes de la salle de délibération s'ouvrirent. On était au 27 septembre 359. Lorsqu'Hilaire jeta les yeux autour de lui, il se vit bien seul. Quelques Egyptiens orthodoxes seulement, vrais fils d'Athanase, s'étaient unis à lui pour tenir tête aux cent-cinq semi-ariens et aux dix-neuf anoméens...

La délibération commença. On entendit d'abord l'ambitieux Acace, évêque de Césarée, qui proposa de remplacer par une formule équivoque (1) les termes clairs de la formule Nicéenne...

(1) La formule qui devait remplacer celle de 325 et que préconisait Acace était celle de Sirmium.

On s'échauffa dans la discussion et on entendit bientôt dire que Jésus n'était ni le fils ni l'égal de Dieu, et que, par conséquent, il était sorti du néant. La discussion grossit encore, et Eudoxe d'Antioche prenant la parole osa dire que le Christ ne pouvait être le fils de Dieu sans que Dieu ait eu à ses côtés une femme (1). Un cri d'horreur retentit dans l'assemblée ; l'anoméisme avait été trop loin : il fut anathématisé, et les semi-ariens firent définitivement adopter le formulaire d'Antioche...

Furieux, Acace se pencha à l'oreille du questeur Léonas, représentant de l'Empereur, et celui-ci, se rendant à ses raisons, prononça la formule sacramentelle : l'assemblée était dissoute.

Byzance. — Une partie du groupe anoméen se dirigea sans plus tarder vers la ville impériale, suivi bientôt par Hilaire et par quelques semi-ariens.

Hilaire était sorti abasourdi, écœuré de cette atmosphère énervante, et longtemps, dans son cerveau, avaient retenti les blasphèmes d'Eudoxe : « O infortunées ont été mes oreilles dira-t-il plus tard, lorsqu'elles ont entendu de telles horreurs, vomiés contre Dieu et contre le Christ dans leur propre sanctuaire (2) » !

En chemin, une nouvelle terrible le stupéfia : l'Occident avait failli (3). Il avait signé un formulaire d'où les ruses et les menaces impériales avaient fait exclure le Consubstantiel.

Les larmes en vinrent aux yeux du vieil évêque. Ainsi les choses en étaient toujours au même point. Tout lui

(1) Cf. *l'histoire ecclésiastique de Socrate* III x. L. Lire aussi sur tout ce passage l'ouvrage de M. de Broglie. L'Eglise et l'Empire au IVe s.

(2) Paroles d'Hilaire dans la 3e lettre à Constance.

(3) 20 évêques seuls avaient résisté à Constance, et parmi eux un intime ami du grand Hilaire, un vieil athlète lui aussi infatigable, Phébade, d'Agen. Les deux confesseurs pouvaient, dans leur commune vaillance, être fiers l'un de l'autre.

croulait dans la main. Il ne désespéra cependant pas encore : il avait présent à l'esprit les paroles du Maître : *« Et les portes de l'enfer ne prévaudront point contre mon Eglise ».*

...... On arriva à Constantinople. Il ne s'agissait pas de tergiverser. L'heure était grave, solennelle. Il fallait coûte que coûte s'adresser à cet empereur qui faisait baisser les têtes de tous ces apeurés.

Deuxième lettre à Constance. — Le vaillant évêque écrivit alors une seconde lettre au prince inattentif.

Tout d'abord il y expose ses titres à l'attention impériale et demande à être confronté avec Saturnin (alors à Constantinople), et il avance qu'il fera découvrir les faussetés de ce prétendu évêque, tout en acceptant un châtiment canonique s'il n'y réussit point.

Mais pour le moment il ne s'agit pas d'Hilaire ; c'est l'intérêt de la catholicité tout entière qui est en jeu, et le pontife oublie ses maux pour ne songer qu'à ceux de l'Eglise.

Il supplie l'Empereur de revenir à la foi de Nicée, dont il offre de prouver la vérité dans une séance solennelle et publique. Puis mettant l'Empereur en garde contre les abus d'interprétation des Ecritures, il dit cette belle parole : « C'est peu de lire les Ecritures, il faut en avoir l'intelligence ».

Enfin il termine sa lettre par une respectueuse supplication adressée au tout-puissant Empereur : « Oh, je t'en conjure, remarque ce que le Sauveur lui-même a écrit, pour que l'on n'aille point substituer aux paroles écrites des paroles qui ne l'ont point été... Mais écoute celles que je tirerai de l'Ecriture... et celles que tu m'entendras prononcer devant la foule, au milieu de controverses agitées, ou au milieu du trouble d'une assemblée, ces paroles-là seront un honneur et pour ta dignité souveraine et pour ta foi (1) ».

L'Empereur, on devait s'y attendre, repoussa la demande d'audience, et signifia au glorieux docteur de quitter dans le plus bref délai la ville qu'il honorait de son impériale présence, pour se rendre, non plus en Phrygie, mais en Gaule (2).

A ce dernier ordre, Hilaire ne put retenir sa colère trop longtemps contenue : il allait partir, mais auparavant il allait montrer à Constance ce que c'était qu'un évêque, fort des droits de la vérité, en lui adressant une lettre accusatrice, une lettre admirable dans laquelle il ne gardait plus de ménagements.

Troisième lettre à Constance. — « Il est temps de parler : l'heure du silence n'est plus. Nous pouvons attendre le Christ : l'Antéchrist a paru vainqueur. Pasteurs, faites retentir vos voix : les mercenaires se sont enfuis. Exposez votre vie pour vos troupeaux : les scélérats ont pénétré dans le bercail, et le lion déchaîné menace nos vies. Allons vers le martyre, en clamant ces paroles : l'ange de Satan s'est transformé en ange de lumière..... Mourons avec le Christ, et nous règnerons et nous revivrons avec le Christ........................

..... « Si aujourd'hui j'abandonne le silence, il n'est pas un homme sensé qui osera m'accuser de l'avoir gardé par indifférence et de parler par colère. Non, dans mes paroles, il n'y a qu'un intérêt, celui du Christ-Jésus. Pourquoi donc, ô Seigneur, ne m'as-tu pas fait naître dans le temps des Dèce et des Néron. Alors, aidé de ta

(1) St Hilaire 2e *lettre à Constance*, la fin.

(2) L'Empereur avait tout d'abord pensé renvoyer l'intrépide confesseur en Phrygie. Il se ravisa. On lui montra ces pays soulevés par l'éloquence de l'Evêque Gaulois et il résolut alors de lui faire reprendre le chemin de la Gaule.

grâce toute puissante, j'aurais enduré tous les supplices pour la gloire de ton nom sacré.

« Le souvenir d'Isaïe, scié par le milieu du corps, m'aurait empêché de redouter le supplice du chevalet. La flamme du bûcher eut reproduit dans mon esprit la fournaise où, jadis, chantaient les jeunes Hébreux.

« Je n'aurais point craint non plus le crucifiement, le brisement des jambes, me rappelant que, de la croix, le bon larron est monté au Ciel. Je n'aurais pas eu peur de descendre au fond de l'abîme ni de l'Océan, car je savais par l'exemple de Jonas et de Paul, que la mer a pitié de tes fidèles ; j'aurais envié les luttes les plus terribles contre tes adversaires les plus déclarés. Alors les persécuteurs étaient connus et c'était au milieu des tortures, sous la menace du couperet ou du bûcher, qu'apparaissait la foi, et ton peuple, alors, nous aurait pris comme guides pour confesser ta divinité !

« Mais aujourd'hui nous avons à lutter contre un persécuteur déguisé, contre un ennemi qui combat avec la ruse et la séduction, contre CONSTANCE L'ANTÉCHRIST (1). Lui il ne frappe pas ; oh non ! mais il caresse. Ses cachots ne nous affranchissent point des maux de la présente vie ; mais il nous font ramper dans la servitude. Il ne bat plus nos flancs ; mais il souille nos cœurs. Il ne coupe point les têtes ; ou s'il les coupe, c'est avec de l'or. Il ne discute point ; mais il flatte. Le Christ il le confesse, mais pour le mieux pouvoir nier. L'union il la prêche, dans la crainte que la paix ne se rétablisse. L'hérésie il l'arrête, pour mieux détruire le christianisme. Les prêtres il les vénère, pour mieux ruiner l'épiscopat. Les Eglises il les bâtit, pour mieux nous ôter la foi.

(1) Paroles nobles et sublimes ! courage éclatant ! Mais surtout que l'on n'aille pas, comme on l'a déjà fait, accuser St-Hilaire d'injures ou d'insolences. (Lebeau. Hist. du Bas Empire. Guermière, Histoire du Poitou). La charité évangélique a des bornes et Hilaire avait déjà assez souffert pour la verité.

« O divin Jésus, ton nom est dans sa bouche, tandis que sa conduite tâche d'enlever à Toi et à ton Père votre divinité. Que l'on ne m'accuse pas de calomnie. Si je mens, que l'infamie retombe sur moi..... Que celui qui voit dans ma conduite plus de grossièreté que de courage, que celui-là relise donc ce que Jean reprochait à Hérode..... et ce qu'un martyr disait au roi Antiochus...

« C'est à toi, Empereur, que j'adresse ces paroles. Je les aurais dites aussi bien à Néron et à Dèce, car, comme eux, tu combats contre le Seigneur et contre ses ministres. Comme eux tu persécutes l'Eglise et les vénérables confesseurs du Christ.

« Tu n'es plus seulement le tyran des hommes, mais des choses divines. Tous ces actes que je viens d'énoncer, te sont communs avec ces personnages-là !................

..... « Tu embrasses les prêtres du Christ : c'est pour les mieux trahir, comme Jésus l'a été lui-même par un criminel baiser. Tu les admets à ta table, et tu te rappelles que ce fut au sortir de la Cène que Judas a trahi son Maître..... Voilà la peau de brebis, mais à ses œuvres on connaît le loup qui s'y cache (1)........................

..... « Prends en attention ce que je te dis. Regarde autour de toi, vois l'Eglise agitée de toutes parts. Rappelle-toi la foi paternelle, connais combien l'hérésie soulève la réprobation universelle. Comprends que tu es ennemi de la divine religion et des hommes qui la défendent, et comprends aussi qu'en cela tu es l'héritier traître et infidèle de la piété de ton aïeul ».

Lorsqu'Hilaire eut envoyé à l'Empereur ces vigoureuses pages, il jugea son rôle terminé à Byzance, et disant adieu à cette ville de luxures, de débauches et de crimes, il reprit le chemin de son pays, plus vertueux et plus tranquille.

(1) Hilaire énumère ici les crimes (et Dieu sait s'ils sont nombreux commis contre la vérité durant ce règne infâme.

CHAPITRE VIII

Retour d'Exil

[illegible] — EN GAULE. — POITIERS. — SAINT MARTIN. — FONDATION DU MONASTÈRE DE LIGUGÉ

[illegible] — Au moment où, dans la cité de Lutèce, Julien [illegible]oclamé Empereur, dans le cours de l'année 360, [illegible] abordait en Italie, au Bari (1).

[illegible] la péninsule, une ville seule l'attirait ; aussi s'em[illegible] il de s'y rendre : c'était la ville célèbre où, trois [illegible] en deçà, le pêcheur galiléen avait établi son [illegible] c'était la cité de Rome, la Capitale antique du paga[illegible] mourant, devenue par une destinée toute miracu[illegible] la capitale nouvelle du monde chrétien : l'évêque [illegible] se recueillir aux pieds des cendres du prince des [illegible] ; il désirait aussi rapporter pour son église un [illegible] de ce voyage.

[illegible] Hilaire quitta Rome, il était porteur d'un dé[illegible] : c'était une partie de la barbe et de [illegible] sandales de Saint Pierre (2).

(1) [illegible] nous y est signalée par un miracle. (V. plus loin)

(2) [illegible] relique que la tradition disait apportée de Rome par [illegible] enfermée en un petit coffre d'or orné de pierres précieuses, [illegible] se terminait par un magnifique saphir d'un prix [illegible] dans la cathédrale de Poitiers, c'est sur lui que [illegible] prêtent serment au jour de leur installation solennelle.

En Gaule. — Puis, le pontife prit sa route vers le nord : il passa à Milan, et, traversant les Alpes, il arriva en Gaule. Au moment où il posait les pieds sur ce sol depuis si longtemps abandonné, il se vit entouré d'une foule immense. Le respect des peuples d'Italie s'était changé en un indescriptible enthousiasme (1). On criait autour de lui : « Honneur au serviteur de Dieu. Béni soit-il celui qui a été l'unique défenseur du Christ » ! Les palmes tombaient sur sa tête vénérable, et ce fut au milieu d'une double haie de spectateurs, avides de sa vue et de sa bénédiction, qu'il gagna la cité de Poitiers.

Poitiers. — Lorsqu'il entra dans sa ville épiscopale, son premier regard fut pour son Eglise. Il s'y rendit, et là, d'une commune voix, tout le peuple, qui l'avait suivi, entonna un psaume pour remercier le Seigneur du retour de son évêque.

Puis le cortège se remit en route, et le pontife se dirigea vers sa demeure de la Celle où l'attendaient Abra et sa mère.

..... Ils avaient tous changés, et lorsque, tous trois, ils se retrouvèrent, ils s'étonnèrent d'avoir tant vieilli !

Le climat phrygien avait voûté le dos d'Hilaire ; son visage, encadré de cheveux devenus blancs, avait maigri, et seuls, deux yeux brillants montraient la vivacité, toujours la même, de son intelligence.

Son épouse, jeune encore, avait souffert elle aussi de cet exil. Les larmes avaient formé le long de ses joues blanchies deux longs sillons : elle soupirait après la mort.

Quant à Abra, elle n'était plus la petite enfant de jadis,

(1) « La Gaule, dit St Jérôme, le reçut comme un vainqueur revenant du combat. » Cf. aussi le *Panégyrique de St-Hilaire*, prononcé le 13 janv. 1705 en l'Eglise St-Hilaire-du-Mont à Paris, par l'abbé Bastide, prédicateur du roi (cité par l'abbé Barbier) : « Le retour de l'arche....., dit-il, ne causa pas plus de joie aux Israëlites, que celui de St-Hilaire aux François ! »

et son vieux père la retrouvait jeune fille grande et belle, au port majestueux, douée de qualités qui le comblaient de joie.

...... Ils s'interrogeaient mutuellement. Hilaire racontait ses souffrances, sa colère contre l'Empereur, ses luttes contre l'hérésie, et les larmes venaient aux yeux des deux femmes au souvenir de ces combats si vaillamment endurés.

Elles, leur vie s'était écoulée plus tranquille ; elles n'avaient guère à raconter que leurs visites chez les pauvres ou leurs prières à l'église, et aussi la décision que la jeune vierge avait prise à la suite de la lettre paternelle...

Hilaire dut cependant les quitter bientôt. Il s'achemina vers sa demeure épiscopale. Ses disciples, pour la plupart, l'y attendaient, et la vie d'autrefois recommença.

Le bonheur d'Hilaire n'était cependant pas encore complet. Il lui manquait encore quelqu'un. C'était ce sauvage Pannonien aux vertus si éclatantes et qui avait déjà été son disciple.

On le vit bientôt arriver « cet homme incomparable que Dieu avait amené du fond de la Pannonie pour être l'ornement de la ville et du diocèse de Poitiers, l'Elisée du grand Hélie, nous voulons dire du grand Hilaire (1) » !

Saint Martin. — Depuis le départ de son maître, Martin avait fait du chemin (2). Il s'était d'abord acheminé vers la Pannonie, et là il avait eu le bonheur de convertir sa mère, mais n'avait pu arracher son père aux ténèbres de l'erreur. Puis, des bords du Danube, il était passé sur

(1) Dom Chamard : *Saint Martin et son monastère de Ligugé.*

(2) Cf. sur la *vie de Saint-Martin* l'excellent ouvrage de M. l'abbé Henri Bas, Tours Dubois, et aussi la vie, moins importante, du même Saint par M. René des Chenais, même éditeur ; la vie la plus complète et la plus savante du grand disciple d'Hilaire est toujours celle de M. Lecoy de la Marche, Tours, Mame.

les bords du Pô. Dans la banlieue milanaise, il s'était créé un ermitage, et là, il prêchait aux paysans, comme son maître la lui avait apprise, la vérité de Nicée.

L'évêque Auxence, nom sinistre dont nous n'aurons que trop l'occasion de nous entretenir, s'en était ému, et avait signifié à l'anachorète le silence le plus absolu. Martin s'était rappelé ce que disaient les apôtres : « Il faut obéir à Dieu plutôt qu'aux hommes », et il avait prêché plus haut encore. Auxence furieux l'avait fait expulser militairement.

Le jeune ermite s'était alors dirigé vers Gênes, et là, dans un îlot désert (1), il avait recommencé sa vie de privations, jusqu'au jour où on lui avait annoncé la présence de son maître à Rome. Aussitôt il avait couru. Trop tard. Hilaire avait passé les Alpes. Martin refit ce même chemin et arriva à Poitiers peu de jours après l'arrivée de l'Evêque.

...Rien ne pouvait être plus agréable à ce dernier que la venue de ce disciple : d'abord parce qu'il retrouvait un fils bien aimé, un être vraiment saint ; ensuite, parce qu'Hilaire avait en vue de nouvelles luttes, nécessitant de nouveaux voyages, et il rencontrait dans son ancien élève, un collaborateur dont il était sûr, un autre lui-même.

Les ordres majeurs furent immédiatement conférés à l'exorciste, qui fut initié à l'administration diocésaine. Mais son âme, vagabonde,se sentait trop à l'étroit dans l'enceinte d'une ville. Elle avait besoin de la pleine campagne, du silence des champs ou de l'ombre des forêts. Il ouvrit son cœur à Hilaire.

Celui-ci possédait à l'entour de Poitiers d'immenses domaines. Il offrit à Martin d'y choisir une place pour y établir sa demeure. Martin accepta cette offre généreuse.

(1) Cette île sauvage située dans la « rivière de Gênes, » est l'île Gallinaria, aujourd'hui Isoletta d'Albenga.

Fondation de Ligugé. — Un jour, à huit kilomètres au sud de Poitiers, il arriva en une clairière au bord de la rivière : seuls, les oiseaux, de leur chant, et le Clain, de son clapotement tranquille, troublaient le silence de ce vallon, encaissé entre une abrupte colline couverte de forêts, que surmontait le petit village de Samarvia (1), et une série de hauteurs boisées, propices à la solitude monastique.

Il semblait que ce lieu était fait exprès pour un monastère : Martin le remarqua.

Peu de jours après, il y amenait son maître, et celui-ci, confirmant cet heureux choix, autorisait et bénissait la fondation de ce qui devait être la première abbaye des Gaules !

Des cabanes de branchages s'élevèrent avec rapidité, qui donnèrent leur nom au pays (2), et des camarades de Martin vinrent s'unir à lui pour servir Dieu (3).

Une vie nouvelle commença pour ces moines. Leurs études se changèrent en prédications incessantes, et peu à peu, grâce surtout à leur abbé, tout le pays devint chrétien.....

Ligugé fut le berceau des miracles de Martin.... Un jour ses prédications dans le fond du diocèse l'avaient retenu un peu longtemps éloigné. A son retour, il trouva ses frères dans les larmes : un jeune catéchumène venait de mourir.

..... Martin se retira dans sa cellule, et longtemps, longtemps il pria auprès du corps déjà froid du jeune homme.

(1) Smarves.

(2) Il paraîtrait en effet que le nom de Ligugé viendrait du latin et du celtique. Sa traduction latine. *Locotegiaco* signifierait bien de petites cabanes. Voir une note de M. Cardin à la fin du 1e vol des *Œuvres complètes de Mgr Cousseau, évêque d'Angoulême.*

(3) Ces amis étaient Félix, Florent-Macaire, les deux Martin, et le prêtre qui avait vécu à Gallinaria avec Martin.

Enfin le mort releva sa paupière : le catéchumène était ressuscité..... (1).

Un autre jour, Martin errait à l'entour de son ermitage : en passant près de la demeure d'un riche propriétaire, il entend, à l'intérieur de la maison, le bruit de larmes et de gémissements : il entre, s'informe, et apprend que l'on déplore la perte d'un esclave qui vient d'être trouvé pendu. Martin s'agenouille et bientôt la vie revient au pauvre désespéré (2).

Le chemin de Ligugé fut dès lors bien souvent parcouru par Hilaire : « Le vieil athlète, a dit le cardinal Pie, se plaît à respirer l'air de la sainte solitude, à constater de ses yeux les progrès de la grande institution après laquelle il a si longtemps soupiré. Il aime à vivre la vie de ces pieux cénobites ; durant ces trop heureux instants de cohabitation, il se fait une joie d'accomplir leur règle, d'imiter leurs pénitences, de s'associer à leurs chants et à leurs prières (3). »

(1) Une Chapelle fut élevée sur l'emplacement de la cellule du jeune Catéchumène . restaurée naguère, elle possède sous son abri une relique du Saint thaumaturge donnée aux moines de Ligugé par la basilique de Tours.

(2) Miracles rapportés par Sulpice Sevère (*Vita St-Martin*) contemporain de ces événements.

(3) Cardinal Pie, *Œuvres complètes.* T. II, p. 65.

CHAPITRE IX

Les disciples de Saint Hilaire

A côté de Martin, ont étudié, sous la conduite de ce professeur éminent qu'était Hilaire, nombre d'autres saints, aujourd'hui malheureusement trop ignorés. Ne semble-t-il pas juste, dans cet ouvrage élevé à la gloire du maître, de consacrer quelques pages à celle des disciples oubliés ?

I. — SAINT LIENNE (*Leonius*)

De tous les disciples d'Hilaire, après Martin, le plus chéri fut Lienne (*Leonius*). Né au milieu du IVe siècle, il s'était retiré de bonne heure auprès du grand évêque, et, par sa science, sa piété et ses vertus, il avait mérité le sacerdoce et bientôt le titre d'archiprêtre de la Cité.

Compagnon fidèle de toutes les luttes d'Hilaire, il le suivit jusqu'à sa mort et jusqu'à son tombeau : il fut le premier abbé de Saint Hilaire le Grand.

Plus tard, il fonda un monastère en l'honneur du pontife devenu glorieux, dans la demeure familiale de celui-ci.

C'est là qu'il mourut, chargé d'ans et de vertus, et c'est là aussi que fut enseveli son saint corps (1).

En 994, à la prière d'Ingelenus, seigneur de la Roche-

(1) Ce devint le monastère de Saint-Hilaire de la Celle (V id. Jehan Bouchet, *Ann. d'Aquitaine*) cd. de 1557 fo 25.

sur-Yon, on procéda à l'exhumation de ces précieux restes qui furent transférés dans cette dernière ville, où ils demeurèrent depuis lors.

Les révolutions ont fait disparaître la Chapelle Saint-Lienne. Le chef-lieu de la Vendée conserve cependant encore son souvenir, et dans l'église on vénère encore sa statue, œuvre du sculpteur Fulconis (1).

II. — SAINT JUST (*Justus*)

Le Limousin vit naître, de parents païens, Just qui, devenu de bonne heure orphelin, reçut le baptême, puis vint se retirer aux côtés d'Hilaire.

Il reçut le sacerdoce des mains du grand docteur qu'il accompagna, d'abord en Phrygie, puis en Périgord (2), où il demeura pour évangéliser le pays. Il ne revint à Poitiers qu'à la mort de son maître, mais il dût s'enfuir encore une fois, pour éviter l'épiscopat que le peuple voulait à toute force lui imposer. Il retourna dans les montagnes de son pays, puis passa à Rome où il mourut.

Son corps fut rapporté dans sa patrie, qui prit son nom et où s'éleva, sous son vocable, une belle et riche église.

III. — SAINT FÉLIX DE SMARVES

Peut-être de la famille d'Hilaire (3), Saint Félix était très probablement originaire de Passavant en Anjou. La renommée de son saint parent l'attira à Poitiers où il vécut dès lors.

Quand Martin eut fondé le monastère de Ligugé, il le suivit et se retira dans les grottes de Smarves : c'est en ce lieu qu'il mourut, et qu'il fut enseveli.

(1) Cette statue fut inaugurée le 25 décembre 1898 sur l'initiative de M. l'abbé Rousseau, le distingué aumônier du Lycée de la Roche-sur-Yon.

(2) Jeh. Bouchet, *loc. cit* f° 22.

(3) Dom Chamard *Hist. ecc. du Poitou* Liv. I, Mem. A. O. p. 336.

Son corps disparut, sans doute durant les guerres religieuses du XVIe siècle, car, en 1380, un calendrier de Sainte Radegonde porte cette expressive remarque : *Samarvie quiescit* : il repose à Smarves.

Il jouissait en Poitou d'un culte immémorial, et ce ne fut qu'au XVIIe siècle qu'il fut rayé de la liturgie diocésaine : Smarves continue toutefois à le célébrer le 28 janvier.

La grotte de sa pénitence existe encore : jadis but d'un pieux pèlerinage, elle est hélas aujourd'hui profanée !

Saint Félix n'a pas été honoré qu'à Smarves : dans le diocèse de Poitiers il possède sous son vocable la jolie petite église de Sillards, et, dans le diocèse d'Angers, Passavant célébrait jadis en son honneur de solennelles fêtes.

IV. — SAINT FLORENT DE MONGLONNE

Saint Florent de Monglonne était originaire de la Morique, province toute voisine de la Pannonie (1). Amené par Martin, lors de son voyage en sa patrie, il devint bientôt un des disciples les plus assidus de Saint Hilaire, puis de Saint Martin dans son ermitage de Ligugé.

Après quelques années, il se dirigea vers l'Anjou et se mit à l'évangeliser. Il mourut dans une grotte du Mont-Glonne où il fut enseveli : sur son tombeau s'éleva la magnifique et célèbre abbaye de Saint-Florent-le-Vieil. Niort, Charroux, et bien d'autres localités encore, avaient son culte en grand honneur.

V. — SAINT VINCENT OU VIVENCE

Saint Vivence ou Vincent était un Romain de grande race, qui abandonna son pays pour venir vivre aux côtés

(1) Dom Chamard. *Hist. ecc. du Poitou* L. I. p. 376.

et sous la direction de Saint Hilaire, qu'il avait connu lors de la visite que le saint docteur avait faite à Rome, au retour de l'exil.

Bientôt, il se dirigea vers le pays d'Herbauges, vers le diocèse de Nantes actuel, qu'il parcourut durant quelques années. Puis, soudain pris du désir de revoir son maître, il retourna à Poitiers ; ses goûts pour la vie érémitique reprenant bien vite le dessus, il se retira dans une grotte solitaire, d'où le chassèrent les importunités pieuses des paysans d'alentour. Il se refugia dans l'île d'Olonne où il mourut, chargé d'ans et de vertus (1).

Son précieux corps, transporté d'abord au monastère de Saint Benoît de Quinçay, de Poitiers, dut, devant les bordes normandes, prendre la route de la Bourgogne où il demeura.

VI. — SAINT BENOIT

Chassé par la persécution qui sévissait en Palestine, Benoît, évêque de Samarie, vint se refugier aux côtés d'Hilaire, récemment de retour d'exil.

Accompagné de quarante compagnons, il se retira dans une riante vallée, appartenant à Hilaire, et située aux portes de Poitiers : là était un antique château, appelé *Gravion*. Dans les berges de la colline apparaissait une grotte ; le saint exilé en fit sa demeure et il y mourut.

Quant à ses reliques, ensevelies non loin de là sous l'abri d'un magnifique sanctuaire, elles ont été perdues, depuis déjà des siècles (2).

(1) Dom Chamard. *His. ecc. du Poitou*. Liv. I. p. 356.

(2) D'après de nouveaux travaux des Bollandistes (au 23 j. d'octobre) il résulterait que ce ne fut que le corps de Saint Benoît qui fut transporté à Quincay et seulement au XIe s. Quant à Gravion, on le reporterait à *Graon* en Vendée. Nous nous sommes ici conformés à la vieille et traditionelle légende dont Jehan Bouchet s'est fait l'interprète, et qui a été admise dans les Propres poitevins.

VII. — SAINT JOUIN DE MARNES

Jouin était de Monterre-Silly, de cette terre qui, au IVe siècle, avait fait éclore cette moisson admirable de saints personnages, tous issus de la même famille, et qui ont si magnifiquement illustré l'Eglise Poitevine : il était frère de Saint Maixent, évêque de Poitiers, de Saint Maximin, évêque de Trèves, de Saint Mesme, apôtre de Chinon, et de Sainte Maxima.

Compagnon des études d'Hilaire, à la conversion duquel il eut sans doute une large part, il se retira bientôt dans une solitude boisée entre la Dive et le Thouet : ce lieu se nommait Ausion, et devint le refuge d'un grand nombre de cénobites réunis autour du saint homme.

Jouin vécut à Ausion jusqu'à la fin de sa vie, et, après sa mort, s'éleva sur sa tombe une abbaye aussi illustre que riche.

Les Normands ont disputé les os de Jouin, mais son église, superbe débris de l'art roman, subsiste encore, rappelant aux foules ce nom jadis invoqué avec amour (1).

VIII. — SAINT HILAIRE D'OIZÉ

Saint Hilaire d'Oizé est — d'après une très vieille tradition — le filleul du grand évêque de Poitiers, dont il ne tarda pas à devenir le disciple.

Se sentant du goût pour la solitude, il se retira dans le Maine, sur la butte de Bruon, et là, il mena une vie singulièrement édifiante. Il y vivait encore, lorsque mourut son glorieux parrain.

(1) Si, comme le Chanoine Auber, l'on admet que Jouin reçut la dignité abbatiale des mains de Maixent, son frère, sûrement avant 353 par conséquent, il faut dès lors retirer à Ligugé le titre de 1er monastère des Gaules. C'est là une opinion bien hardie et qui ne repose que sur des probabilités peu vraisemblables. Vid. Chan. Auber : *Origines de l'Eglise et de la Province de Poitiers* p. 63 et suiv.

Plus d'une fois il alla visiter son tombeau illustre et c'est en revenant d'une de ces pieuses pérégrinations qu'il mourut à Oizé, le 1er juillet d'une année de la fin du IVe siècle (1).

Son corps y resta longtemps, jusqu'au jour où Aldéric, évêque du Mans de 832 à 856, s'apercevant des prodiges qui s'y accomplissaient, enleva, pour sa ville, ce précieux dépôt, et éleva pour le recevoir une somptueuse église. Reconnues en 1540 par Emeric de la Ferté, successeur d'Aldéric, les reliques d'Hilaire, en même temps que leur sanctuaire, disparurent durant la Révolution.

IX. — SAINT MACAIRE DE MAUGES

Saint Macaire ne nous est guère connu. Il était disciple de Saint Hilaire, lorsque Saint Martin fonda Ligugé : il alla d'abord se mettre sous ses ordres, puis évangélisa, à l'ouest du vaste diocèse, le pays de Mauges et la petite ville d'*Espetven* (auj. Saint-Macaire-en-Mauges).

Il devint, a-t-on dit, évêque de Cominges.

La glorieuse liste n'est pas encore close : à tort ou à raison, on a fait disciples d'Hilaire un grand nombre d'autres personnages. Parmi eux nous citerons Saint Génard, Saint Fariol, Saint Citroine (2), Saint Afrique, apôtre du Rouergue et Martyr, Saint Jubentus, Saint Blœnus, tous deux inconnus, Saint Pascence, successeur de Saint Hilaire, Saint Rufin dont il faudrait peut-être faire remonter la vie au VIe siècle seulement, etc. (3).

(1) D'après une légende publiée dans la « *Revue d'archéologie poitevine* » de M.gr Barbier de Montault Année 1899, n° 6, page 189.

(2) Ces trois saints sont bien plus connus par leur culte que par leur vie : les deux premiers étaient très anciennement honorés près de Melle, le troisième dans le Loudenais. Vid. Dom Chamard *loc. cit* p. 349 et suiv.

(3) Les reliques de ce Saint ont été découvertes en 1880 à Moutiers (Deux-Sèvres). M. Ledain (Bull. des Antiq. de l'ouest. 2e trim. de 1881. p. 8) fait remonter l'époque de son apostolat « aux temps mérovingiens » et cette conclusion a été admise par une érudite brochure due à la plume de M. l'abbé A. Michaud, curé de Saint-Maurice-la-Fougereuse (*Le Moustier de St-Rufin* Parthenay, 1896).

CHAPITRE X

Les Vierges

SAINTE FLORENCE. — SAINTE TRIAISE. — SAINTE VERGE. — SAINTE NÉOMAYE

Le grand nom d'Hilaire fut au IVe siècle un centre d'attraction, non seulement pour les hommes, mais aussi pour les femmes. N'était-il pas le protecteur-né de la virginité chrétienne, lui qui avait exhorté son enfant, par une allégorie si touchante, à entrer dans cet état béni.

Il consacra à Dieu cinq jeunes filles : de toutes, la première fut son Abra, puis vinrent Florence, une enfant de l'Asie, Triaise, Verge et Néomaye (1), trois enfants du Poitou.

Que le lecteur me permette de dérouler devant ses yeux les faits touchants qui encadrent ces noms devenus sacrés.

I. — SAINTE FLORENCE

Nous sommes en l'année 359. Hilaire, quittant la Phrygie, se rend à Séleucie. Un dimanche matin, il

(1) On n'est pas bien fixé, sur l'époque à laquelle vécut cette Sainte. Nous nous sommes ici conformés à une tradition, fort acceptable qui en fait une des vierges consacrées, par Saint Hilaire : cette tradition a d'ailleurs été admise par Dom Chamard : *hist. eccl. du Poitou*. Livre I, Mém. Ant. de l'Ouest T. 37 p. 435.

arrive en une petite ville et s'y arrête pour assister à l'office divin. L'église se présente à ses yeux. Il y entre.

Or, comme il ouvre la porte du temple, une jeune fille sort du peuple, et se jetant aux pieds de l'évêque poitevin s'écrie, en baisant ses chaussures : « Voilà le serviteur du Christ » !

L'office s'interrompt. On entoure le nouveau venu, et la foule apprend à Hilaire que la jeune fille qui l'a ainsi interpellé est païenne et se nomme Florence.

Ses parents (1) accourent, et, touchés eux aussi par la grâce divine, ils s'inclinent avec leur fille sous la main bénissante du docteur.

Puis Florence, se tournant vers son père, lui dit : « Adieu, je vous quitte, car celui-là est vraiment mon « père qui m'a donné une vie toute nouvelle ; je vous « quitte pour le suivre jusqu'au bout du monde » !

..... Hilaire, emmenant donc Florence, et son père aussi peut-être, quitta bientôt ce lieu.

Arrivés à Poitiers avec son saint protecteur, elle fut confiée aux bons soins d'Abra et de sa mère, auprès desquelles elle put goûter le bonheur d'une vie réglée, religieuse et tranquille.

Mais bientôt le dégoût de Florence pour le monde ne fit que s'accroître : elle supplia l'évêque de lui donner comme à son disciple Martin un coin de terre pour y mourir en paix, après une vie de prières.

Hilaire ne put refuser.

Non loin du monastère de Ligugé, il découvrit un lieu propre à ce pieux dessein, près de la rivière et au milieu d'une solitude boisée (2).

(1) Dom Chamard (*Origines de l'Eglise, de Poitiers* ch. XV. p. 365) pense que le nom du père de Florence serait Florent (*Florentinus*) que l'on pourrait peut-être identifier avec un autre Saint Florent, moine de l'Ile-Dieu, et que l'on appelle (à tort) aujourd'hui « *Florentinus Episcopus* ».

(2) Comblé (*Condatensis-Condate*) commune de Celle, l'Evescaut, canton de Lusignan (Vienne).

Florence s'y rendit bientôt, et le cachet épiscopal (1) fut posé sur la porte de l'enceinte d'où, plus jamais, elle ne devait sortir.

Elle y mourut, fleur étiolée sous un soleil moins chaud, sous un soleil qui n'était point celui de sa patrie, le 1er décembre 367 (2).

L'humble oratoire de Florence devint bientôt un lieu de pèlerinage, desservi par les moines, puis par les chanoines de l'église voisine (3).

On venait y demander la fin de la sécheresse et toujours l'intercession de Florence obtenait la pluie désirée (4)...

Puis, vers le XIe siècle, nous trouvons l'oratoire vénéré absolument en ruines. C'est à Isembert, évêque de Poitiers, que l'on doit la restauration du culte de la jeune Vierge. Il fit apporter ses restes en son Eglise Cathédrale, où il les plaça en une magnifique châsse d'argent qui les conserva jusqu'en 1562. A cette époque les hordes huguenotes détruisirent le reliquaire et brûlèrent les ossements vénérés.

Mais Dieu gardait pour son Eglise une autre portion de ce trésor. Le 26 janvier 1698, on découvrit d'autres reliques de la sainte, cachées derrière le maître-autel de la cathédrale, et ces reliques, encore aujourd'hui ensevelies au même endroit, sont tout ce qui reste de la pieuse amie du grand pontife poitevin.

L'oratoire de Comblé subsistait encore il y a quelques années : il est hélas ! devenu, comme tant d'autres, propriété particulière.

(1) On cachetait, ou on murait la porte des Recluses, enfermées pour toujours.

(2) L'Eglise célèbre toujours sa fête à cette date.

(3) L'église de Saint-Etienne de Celle l'Évêcault, abbatiale, puis collégiale dépendant directement de l'évêque de Poitiers.

(4) On implorait aussi Sainte Florence pour la bonne réussite des [illegible]

Le Poitou possédait de nombreux sanctuaires dédiés à Sainte Florence. On trouve encore un antique pèlerinage en son honneur dans la forêt de la Guerche, près d'Ingrandes (Vienne) (1).

II. — SAINTE TRIAISE

Le lieu de naissance de Sainte Triaise nous est inconnu : « cependant (2) par son nom même, en latin *Troecia*, qu'un de nos vieux historiens du XVIe siècle écrivait encore *Trojacia*, nous pourrions conjecturer que son pays devait être l'ancienne Troade, voisine de la Phrygie, où elle aurait connu Sainte Florence, et entendu parler de Saint Hilaire, pendant que l'illustre exilé y demeurait ».

Cette conjecture nous paraît un peu hardie, et nous aimons mieux admettre, d'après Jehan Bouchet (3), que Triaise naquit en Poitou (4).

Elle était fille d'une illustre famille, peut-être même compagne d'Abra, et elle quitta tout pour suivre l'exemple de Sainte Florence, avec laquelle elle avait sans doute eu quelques relations durant la présence de celle-ci dans la demeure d'Hilaire.

Elle aussi s'adressa au pontife. Celui-ci lui donna une petite maisonnette, construite sur un terrain lui appartenant, à quelques pas de l'église actuelle de Saint-Hilaire-le-Grand.

L'habitation de la pieuse recluse consistait en un jardinet, contenant une petite maison, composée de deux pièces : la première servait de demeure à Triaise ; quant à l'autre, c'était une chapelle communiquant avec la pre-

(1) Voir *Semaine Liturgique de Poitiers*, année 1887, pages 339 et 822.

(2) M. l'abbé Auber. *Vie des Saints de l'Eglise de Poitiers* (au XVI août). p. 320.

(3) Jehan Bouchet. *Annales d'Aquitaine*, pages 42-43.

(4) C'est aussi l'opinion de M. l'abbé Barbier. *Vie de Saint-Hilaire* Paris, Poussielgue, 1887.

mière pièce par une fenêtre grillée derrière laquelle la Sainte pouvait assister aux offices.

Une vie de prières, de jeûnes, de macérations commença pour la pieuse fille. Cessait-elle de prier, c'était alors pour travailler à divers instruments du culte, corporaux ou hosties, dont elle fournissait son père spirituel (1).

Peu de temps après la mort du saint évêque, Martin, archevêque de Tours, passant par Poitiers, désira voir Sainte Triaise, mais celle-ci refusa se retranchant derrière le vœu qu'elle avait fait de ne plus voir d'hommes avant sa mort, « ce que Saint Martin loua très fort (2) ».

Pour son paradis Dieu désirait une telle âme : Triaise mourut, âgée seulement de vingt-cinq ans.

On enterra la pieuse vierge dans sa cellule, puis, les miracles attestant sa sainteté, une église s'éleva, qui remplaça la maisonnette construite par Hilaire : cette église fut mise sous le vocable de Sainte Triaise. Vers le IXe siècle, la crainte des Normands fit transférer les Saintes Reliques, d'abord en Auvergne, puis à Rodez.

La Collégiale de Saint-Hilaire de Poitiers conserva jusqu'en 1562 un magnifique reliquaire « *faict en manière de pinacle* » et contenant une portion du corps de Triaise.

Aujourd'hui ce nom vénéré est quelque peu tombé dans l'oubli. L'église de la sainte a disparu, remplacée par des constructions profanes. La rue de Poitiers qui portait son nom a été nommée, rue Jules Ferry.

L'église de Saint-Hilaire possède encore dans son abside un autel dédié à Sainte Triaise et surmonté de sa statue (3).

(1) *Saint-Hilaire allait aucunes fois à sa cellule la consoler et parlait à elle par ladite fenêtre, sans se voir l'un l'autre. Et pour récompense le fournissait d'hosties et de corporaux qu'elle faisait* ». Jean Bouchet *Annales d'Aquit.* loc. lic.

(2) Jean Bouchet, id. loc. cit.

(3) On peut remarquer, au musée de la ville de Poitiers, un curieux

III. — SAINTE VERGE

Nous sommes au temps où Hilaire, de retour de l'exil, parcourait son vaste diocèse.

Un jour, dans le Loudunais, il rencontre près de son chemin une jeune bergère qui lui souhaite le bonjour. Il s'approche d'elle, l'interroge et apprend qu'elle est encore païenne et se nomme Verge (*Virgana*).

Sur le champ, il entreprend de la convertir, et au bout de quelques moments, pressé, il lui donne le baptême. Après quoi le pieux évêque s'éloigne.

A quelque temps de là, des païens passant sur ce lieu et apprenant d'elle qu'elle est chrétienne, furieux de cette confession, s'élancent contre la jeune bergère qui, bientôt, tombe morte sous leurs coups.

Son corps fut aussitôt enseveli par des chrétiens, témoins du martyre, et placé plus tard sous l'abri d'une modeste chapelle, avec le vocable de Sainte-Marie des Hautbois.

Plus tard encore il fut emporté dans la cité de Metz, en l'abbaye Saint-Vincent. Depuis quelques années, le pélerinage de Sainte Verge sort de l'oubli et l'on vient encore vénérer dans sa chapelle vide et à sa fontaine miraculeuse celle qui fut dans les temps une pieuse bergère et une courageuse chrétienne.

IV. — SAINTE NÉOMAIE

Sainte Néomaie ou Néomadie était, croit-on, originaire

bas-relief représentant Saint-Hilaire bénissant la Sainte Recluse. Ce bas-relief provient de l'ancienne église Sainte-Triaise.

du bourg qui porte son nom, près de Saint-Maixent (Deux-Sèvres). Consacrée à Dieu par Saint Hilaire, elle vécut de longues années en recluse.

Les puissants seigneurs de Baussay, en Loudunais, se vantaient d'être de sa famille : ils contribuèrent beaucoup à la diffusion de son culte qui reste populaire, même de nos jours. Elle est invoquée contre l'épilepsie (1).

(1) Vi.d Dom Chamard loc. cit. page 436.

CHAPITRE XI

Le Bon Pasteur

BARI. — RÉSURRECTION D'UN ENFANT. — AVAILLES THOUARSAIS. — LA PALUD. — FAYE-L'ABBESSE. — MAISONTIERS. — LE PAS DE LA MULE. — DIVE. — L'ANGE. — L'ANTIPAPE LÉON.

Hilaire n'était pas de ces saints dont la vie jette un rare et fugitif éclat, aussitôt oublié par les générations suivantes : son souvenir, au contraire, est resté extrêmement vivace chez les fils de ceux que, seize-cents ans en-deçà, il évangélisait si généreusement.

Ses miracles, surtout, n'ont point été oubliés par les peuples reconnaissants : en grand nombre, ils sont parvenus jusqu'à nous, soit par la tradition, soit par la plume délicieuse des bons chroniqueurs des vieux âges.

Dans cet amas si varié, un choix était à faire, et les quelques traits que nous citons ici ne sont que les plus populaires, et aussi ceux qui sont parvenus jusqu'à nous sous cette forme si naïve qui les rend si pleins d'un charme pénétrant.

Avant l'exil, les hagiographes, à notre connaissance du moins, ne nous rapportent point de miracles dus à sa seule intervention (1). Le premier de tous fut accompli en Italie à Saint-Nicolas du Bari (2).

Saint-Nicolas du Bari. — Saint Hilaire revenait de Phrygie. Il avait abordé en Italie et se dirigeait vers Rome. Un soir la nuit le prit dans le voisinage d'un cimetière où était une masure ruinée, abritant un sépulcre. L'évêque y trouva un abri. Or, le lendemain matin, avant de partir, Hilaire se mit en prières et une source d'eau vive jaillit du sol. Une église consacrée au prélat poitevin remplaça la masure, et on y laissa le sarcophage qu'elle contenait comme témoin du miracle.

L'enfant ressuscité. — Un second prodige, plus étonnant encore, accueillit Hilaire sur la terre poitevine. Voici en quels termes le rapporte Jehan Bouchet, dans ses *Annales d'Aquitaine* (3) : Le lendemain ou deux jours après, Saint Hilaire alla visiter les églises de la cité, et, en allant par les rues, était suivy de tant de peuple, qu'à peine on le pouvait voir, car il n'allait sur mulle ne cheval. Et une femme, qui alors demeurait en une maison à présent assise devant les grandes écoles et maison commune des seigneurs de la ville, sachant qu'il passoit devant sa ditte maison, ainsi qu'elle baignoit un petit enfant de laict, le laissa en la baignouère, par l'ardent désir qu'elle avoit de voir Saint Hilaire.

Et au retour, qui fut incontinent, trouva son enfant noyé et mort. Quoy voyant, s'escria à haute voix en disant : ha ! mon Dieu, faut-il que je perde mon enfant après avoir faict un bien ! Et en une rage de deuil print son fils mort entre ses bras, couvert d'un petit linge, et

(1) Excepté toutefois, les miracles, communs avec Saint Martin (les traces des pas des deux Saints gravées dans le sol).
(2) Dom Chamard. *Hist. ecc. du Poitou.* Liv. I. p. 298.
(3) *Annal. Aquit*, Ie partie, p. 57.

le porte auprès Saint Hilaire, auquel, ainsi qu'il arrivoit à son logis, déclara le cas et accident, le priant en grande foy et espérance qu'il priast Dieu que son enfant receust vie. Saint Hilaire voyant la douleur de la pauvre mère, qui n'avait que cet enfant, et sa très grande foy, et aussi que l'enfant estoit mort pour la trop grande affection que la mère avoit eu de le voir, se mit en oraison, où il fut assez longtemsps prosterné contre terre. Et lui, qui estoit d'ancien aage, ne se leva jamais que Dieu n'eust, à sa prière, l'enfant ressuscité. Lequel il bailla à sa mère, tout vif, et prenant le laict de la mamelle devant tout le peuple, dont chacun par esbahissement rendit grâce à Dieu et à Saint Hilaire (1) ».

Peu de temps après son retour d'exil, le vaillant et infatigable prélat voulut revoir son diocèse. Il prît le bâton du voyageur et partit.

Chacun de ses pas est signalé par un miracle ou un souvenir qui nous servira de jalon pour retrouver le chemin parcouru.

Nous le trouverons successivement à Availles-Thouarsais, à la Palud, à Faye-l'Abbesse, dans l'île de Dive, à Retz, près de Poitiers, etc.

Availles-Thouarsais (2). — Saint Hilaire, fatigué, s'arrête à Availles-Thouarsais, dans un lieu aride pour pour abreuver sa monture. Le Saint se met à genoux : la terre s'ouvre et donne naissance à une fontaine que les pélerins vont visiter depuis lors.

(1) Le souvenir de ce miracle resta toujours gravé dans la mémoire du peuple poitevin. On éleva un petit monument sur l'emplacement de la maison où habitait la mère de l'enfant ressuscité, et un bas-relief rappela le prodige. Le monument qui existe encore actuellement date de fort loin. Il doit d'exister encore aux bons soins de l'éminent archéologue, si universellement connu, le père Jésuite C. de la Croix, qui le réédifia rue Bourbeau, non loin de l'emplacement primitif.

(2) Availles-Thouarsais, canton d'Airvault (Deux-Sèvres). L'église est dédiée à Saint Hilaire.

La Palud. — L'évêque de Poitiers, en tournée pastorale, arrive au lieu qui sera plus tard *Saint-Hilaire-la-Palud.* En un endroit que les gens du pays appellent encore *le Tertre*, au milieu de grands bois, avaient lieu d'infâmes saturnales où régnait la licence la plus éhontée. Hilaire fait disparaître ces honteuses pratiques, évangélise le peuple et délivre le pays d'un fléau épouvantable qui le désolait.

Le village fut dès lors consacré à son bienfaiteur (1).

Faye-l'Abbesse. — Saint Hilaire avait laissé à Faye-l'Abbesse sa pierre d'autel. Nous parlerons plus loin de ce sanctuaire encore aujourd'hui si vénéré.

Maisontiers. — Parmi les pèlerinages à la Vierge, un des plus anciens est celui de Maisontiers (2) (Notre-Dame de l'Arceau) (Deux-Sèvres).

« Maisontiers, où règne Notre-Dame de l'Arceau, est « un tout petit royaume dont le centre forme une agglo- « mération de vingt maisons à peine, et le monument « autour duquel se groupent les pélerinages est un *arceau* « ruiné, sans aucun caractère architectural, situé au « milieu d'une plaine dénudée, triste d'aspect, où seule « la fleur de la bruyère entr'ouvre son modeste petit « gobelet d'un rouge pâle et sans arôme.

« Mais cet *Arceau* a son histoire. La tradition rapporte, « en effet, que Saint Hilaire, passant un jour sur la grande « Voie Romaine de Poitiers à Nantes, dont Maisontiers « est une station, remplaça, sur la borne milliaire, la statue « de l'Empereur par la statue de Marie, Reine des chré- « tiens. Pour consacrer l'acte du Saint Pontife, et s'asso- « cier à sa pensée pieuse, les fidèles de Maisontiers et

(1) La Palud, canton de Mauzé (Deux-Sèvres). L'église est sous son vocable.

(2) Maisontiers, canton de Saint-Loup (Deux-Sèvres).

« des environs enfermèrent dans une petite chapelle la « borne milliaire couronnée de sa nouvelle statue, et cette « chapelle devint rapidement, pour toute la contrée, le « sanctuaire béni où vinrent, aux pieds de Marie, Mère « de ceux qui souffrent, s'épancher en des supplications « naïves et touchantes, toutes les angoisses, toutes les « peines, toutes les infirmités, qui savent par expérience « que le cœur de Marie est l'inépuisable réservoir des « baumes qui guérissent, des consolations qui relèvent « et apaisent.

« Aujourd'hui, de l'antique chapelle, il ne subsiste, « déchiqueté par les siècles, que l'*Arceau* sous lequel les « pèlerins viennent, aux jours de fêtes, ou sous la menace « et l'étreinte des fléaux, placer processionnellement la « statue de Marie invoquée et acclamée sous le nom de « *Notre-Dame de l'Arceau* (1) ».

Ile aux serpents. — Voici un des miracles les plus célèbres du grand Hilaire, sujet d'une des fresques qui décorent, à Saint Jean de Latran de Rome, la chapelle dédiée à notre docteur.

Parcourant la Vendée, Saint Hilaire, non loin de l'anse d'Aiguillon, se voit arrêté par une foule suppliante qui, lui montrant au loin une île d'aspect désolé, lui demande secours contre le fléau : ce fléau, c'est une invasion de serpents qui a rendu inhabitable l'île de la Dive, et qui est un danger perpétuel pour les pauvres navigateurs que la tempête pousse sur ces côtes inhospitalières.

(1) *Sem. Religieuse du dioc. de Poitiers*, année 1900, page 729 .Voir dans le volume de cette même année, p. 196, un article fort remarquable sur l'Arceau, dû à la plume modeste autant qu'érudite, qui publia sur *« les Madones et Sanctuaires de Marie en Poitou »* tant d'intéressantes pages et qui, aujourd'hui, a entrepris un travail admirable, dans la même publication : *« le Clergé du diocèse de Poitiers au* XIXe *siècle. »*

Hilaire, attendri, demande une barque... Il se trouve un homme de bonne volonté pour conduire le saint prélat... Sous les yeux de la foule anxieuse, Hilaire aborde dans l'île maudite. A l'approche du serviteur de Dieu, les vipères s'enfuient. Le Saint les poursuit encore un bout de chemin et, plantant son bâton dans le sol, il défend aux reptiles de le dépasser : les bêtes immondes obéirent.

Les habitants de la contrée, pour remercier leur bienheureux protecteur, élevèrent en ce lieu — non loin de Saint-Michel-en-l'Herm — une église en son honneur. Or, il advint qu'au XIe siècle un jeune enfant avala une vipère. Les parents ne savaient plus que faire lorsqu'ils eurent l'heureuse pensée de mener le petit malade en cette église de Saint Hilaire (1).

A peine avaient-ils touché le seuil du temple que, pris de convulsions, l'enfant vomit le reptile.

Près de Poitiers. — Près de Poitiers on montrait jadis une cavité dûe, assurait-on, à la mule de Saint-Hilaire qui y avait fait un faux pas (2).

Le loup et la mule. — C'est à cette même mule qu'il arriva un jour une aventure assez étrange que nous raconte une légende qui ne manque pas de naïveté : passant au travers d'une forêt, Saint Hilaire se vit voler sa mule par un loup, à jeun sans doute depuis longtemps.

Le Saint dût continuer sa route à pied. Mais, le lendemain, il vit revenir le loup qui, pris de remords, lui rapporta l'âne et, en roulant de gros yeux pleins de repentir, lui présenta... ses excuses !...

(1) Cette île de Dive a été remplacée chez certains historiens par l'île de Gallinaria, mieux connue depuis le séjour de Saint Martin. Voir dom Chamard. *Hist. ecc. du Poitou*. L. I. p. 447.

(2) Cf *Saint Martin et son monastère* de Ligugé, par le R. P. dom Chamard, p. 41.

Saint Lupien. — Hilaire alla jusqu'aux confins de son immense diocèse prêcher la bonne nouvelle. A Retz, non loin de Nantes il convertit un jeune païen nommé Lupien. Aussitôt après son baptême, le jeune homme mou- et des prodiges surnaturels éclataient sur sa tombe, montrant que la main d'Hilaire avait ouvert le ciel à l'âme du saint jeune homme (1).

On racontait encore, jadis, bien d'autres prodiges, exécutés, disait-on, par le grand docteur lui-même. Malheureusement ces récits, fruits d'une imagination plus pieuse qu'érudite, ne sont pas toujours d'accord avec l'Histoire ou la Critique. Tel ce trait charmant que rapporte, au XIIe siècle, Guibert de Gembloms dans une lettre adressée à l'archevêque de Cologne :

L'ange. — Un jour Hilaire revenait de Ligugé à Poitiers, accompagné par Martin et quelques-uns de ses moines.

Arrivé à la basilique, comme le temps pressait pour l'office divin, l'évêque s'enquit si tout était prêt pour la cérémonie.

On s'aperçut alors — un peu tard — de l'absence du livre de prières indispensable pour le sacrifice... La foule emplissait déjà l'église. Que faire ? tous étaient indécis et Hilaire jetait déjà un regard sévère sur Martin quand, soudain, sous les portiques, un ange se présenta et remit le livre si désiré aux clercs éblouis : « à partir de ce moment, ajoute le narrateur, dans sa vénération religieuse, Hilaire ne vit plus en Martin seulement qu'un disciple (2)... »

L'antipape Léon. — Nous trouvons encore dans Jean Bouchet des pages curieuses et célèbres, sur cer

(1) Saint Lupien était probablement originaire de Clermont en Auvergne. On y transporta son corps, et l'Eglise d'Auvergne célèbre sa fête le 17 février,

(2) Jehan Bouchet, *Annales d'Aquitaine*, p. 31.

taine mésaventure arrivée à l'Evêque de Poitiers, dans un concile dont l'antipape Léon le voulait, paraît-il, faire exclure. Malheureusement pour le conteur, l'antipape Léon n'a jamais existé ! Voici cette anecdote :

« Le lendemain qui estoit le jour de la congrégation « des Evesques ariens, s'assemblèrent assez matin en leur « conclave, et avec eux, aucuns des Evesques occidentaux « en petit nombre, où présidoit l'antipape Léon... si « furent les portes du conclave clauses et fermées et cuy- « doient bien que Sainct Hilaire ne fust encore venu : « espérant par ce moyen les Evesques ariens confirmer « et arrêter entièrement leurs hérésies... Sainct Hilaire, « accompagné de ses disciples, se transporta au lieu de « la congrégation et trouva les portes clauses : celuy qui « en avoit la garde va dénoncer à l'assemblée la venue « de Saint Hilaire : de laquelle furent très fort esbahis « et courroucés... et volontiers luy eussent fait dénéga- « tion de l'entrée. Mais parce que Saint Hilaire y estoit « envoyé par l'Empereur Constance, on le fit entrer : et « avant qu'il entrast, l'antipape Léon fit déffence à tous « les Evesques de ne donner lieu à Sainct Hilaire, ne « luy faire aucune révérance. Et comme il fut entré et « eut bénignement et humblement salué la compagnée, « l'antipape Léon luy dit : « *Tu es Hilarius Gallus* », c'est- « à-dire, « Tu es Hilaire le coq des Evesques occiden- « taux ». Saint Hilaire tout froidement luy respondit : « « Je ne suis coq, mais bien suis évesque de Gaule ». « Léon lui répliqua : « Tu es Hilaire de Gaule et je suis « Léon évesque du Sainct Siège Apostolique ». — « Si tu « es juge (dit Sainct Hilaire) ce n'est au Siège de « Majesté », car à la vérité Leon n'estoit vray Pape. Léon, « courroucé de si hardie et prudente response, se leva « de son Siège, et, sortant du Conclave, dit à Saint « Hilaire : « Je retournerai en brief et t'humilierai de « sorte que tu ne parleras plus si haut ». Lors Sainct « Hilaire, qui avoit l'esprit de prophétie, lui répondit par

« ces mots : « Et si ne retournes » ? Sachant par révé-
« lation qu'il ne retourneroit plus.

« Léon n'entendit l'interrogatoire de Sainct-Hilaire, « par quoy ne luy fist réponce et alla au lieu secret pour « lascher son ventre : et voyant Sainct Hilaire que on « différoit de luy donner lieu et siège des autres Evesques « dit ces paroles : « *Domini est terra* » ! c'est-à-dire « la « terre est à Dieu et demourray sur la terre à Dieu appar- « tenant, tant qu'il lui plaira ». Lors, miraculeusement, « la terre s'esleva en forme d'un beau siège, plus eslevé « que les autres... Et comme ils attendoyent le retour de « Léon leur Président... on leur vint dire que Léon estoit « mort tout subitement » !

CHAPITRE XII

Nouveaux Travaux et dernières Luttes

EN GAULE. — SATURNIN. — CONCILE DE LUTÈCE. — L'ITALIE. — AUXENCE DE MILAN. — CONTRE AUXENCE

Saint Hilaire allait-il donc maintenant, au milieu de son diocèse, goûter un repos bien mérité ? Eh bien non. Le vieil athlète voyait encore l'hérésie autour de lui et il ne pouvait s'empêcher de lutter.

En Gaule. — Tout d'abord, Gaulois, il songea à sa patrie : elle n'était que blessée : mais, pour lui, c'était encore trop. Le remède, il songea à l'appliquer avec l'approbation de ses frères les évêques. Il se mit dès lors à parcourir la Gaule, réunissant des conciles provinciaux (1) auxquels il exposa son système : « tout par la douceur ».

Les évêques, quoique orthodoxes, n'étaient cependant pas disposés à agir toujours avec mansuétude, et l'intelligent docteur eut quelque peine à leur faire comprendre qu'en séparant de l'Eglise tous les évêques qui n'étaient pas franchement orthodoxes, on arrivait à mutiler l'Eglise et à compromettre par cela même son existence (1). Aux

(1) Lenain de Tillemont, *Mém.* etc. T. VII, *St-Hilaire*, article XIV.

prélats que la peur ou la ruse avait fait déchoir, il fallait laisser le temps de se remettre et de se joindre aux pontifes demeurés orthodoxes.

Du fond de son île sauvage, le vieux Lucifer de Cagliari protesta contre cette pensée de l'évêque de Poitiers. Il en vint à attaquer le livre des Synodes, où il voyait, disait-il, l'apologie de l'ομοιουσιος.

Contre les détracteurs du « de Synodis ». — Avec douceur Hilaire lui répondit : il commençait son épître par ces mots « *Tu frater Lucifer* » (1). (O toi Lucifer, mon frère). Puis, respectueusement, il dissuadait le vieux confesseur, se disculpait de l'accusation d'arianisme et montrait qu'on ne pouvait que gagner à agir avec mansuétude et modération.

Saturnin d'Arles. — Et ce furent cette mansuétude et cette modération qui sauvèrent l'Eglise...

Cependant, sur les bords du Rhône, un homme se remuait : il attira l'attention d'Hilaire qui le signala à l'épiscopat gaulois : cet homme, c'était l'évêque d'Arles, Saturnin. On reconnut bientôt qu'il menait une vie dépravée, qu'il cachait sous le manteau de la controverse religieuse.

Les évêques, bien vite, écoutèrent la voix d'Hilaire : Saturnin fut excommunié. Puis ce fut le tour de Paterne de Périgueux.

..... L'hérésie n'avait plus de tête : la Gaule était délivrée de l'erreur.

Lettre des Evêques de l'Orient. — L'Orient se souvenait cependant encore de l'exilé courageux qui, durant quatre années, avait défendu la divinité de Jésus-Christ sur son sol.

(1) Cf. une belle page de M. l'abbé Barbier (*Vie de Saint Hilaire*, IIe partie, chapitre IV) sur cette idée de Saint Hilaire.

L'épiscopat oriental envoya à Poitiers une lettre où il exposait les progrès de l'orthodoxie depuis le départ d'Hilaire et montrait au défenseur de la vérité ses nombreuses réclamations.

Celui-ci, reconforté par cette missive, lança un cri d'appel aux évêques des Gaules, les conviant à Paris (1).

Concile de Paris. — Le concile (2) répondit par une profession de foi à la lettre qui venait du Levant.

A nos vénérés frères les pontifes orientaux dans quelque lieu qu'ils résident pourvu toutefois qu'ils confessent Jésus-Christ.

Nous évêques des Gaules :

Remercions le Seigneur de toutes nos forces de ce que, grâce à la doctrine des Apôtres et des Prophètes, il s'est fait connaître à nous lumineusement.

Si nous étions demeurés dans les ténèbres du monde, nous aurions le jugement du monde : car on ne peut se sauver qu'en confessant Dieu Tout-Puissant par Jésus-Christ notre Seigneur et par le Saint-Esprit. Mais nous sommes comblés des bienfaits de Dieu qui, aujourd'hui, non content de nous avoir débarrassés des erreurs du siècle, veut bien nous débarrasser encore de la société des hérétiques.

Vous avez envoyé une missive à Hilaire, notre bienaimé collègue et frère : elle nous a justement montré la méchanceté de Satan et des impies qui veulent diviser l'Eglise, en créant pour l'Orient et pour l'Occident des opinions différentes.

Or voici notre profession de foi :

(1) Cf. *Histoire littéraire de la France par les bénédictins de Saint-Maur*, t. I, 2ᵉ p., page 129.

(2) « On ne voit point quel était alors l'évêque de cette ville ni le nombre de ceux qui y assistèrent. On doit en induire que cette cité contenait alors un établissement stable et propre au culte chrétien » (Dulaure. *Histoire de Paris*, Philippau, éditeur, 1860, t. 1, p. 62.)

Nous adoptons le mot consubstantiel afin d'exprimer la véritable et légitime génération du Père et du Fils, tout en réfutant l'Union Sabellienne, car nous croyons fermement que le Fils n'est point une partie du Père.

Nous savons qu'il est Fils d'un Dieu parfait, qu'on ne peut point diviser : lui-même, parfait, ne peut point être divisé et est, de ce fait, de la même substance que son Père ....

...... Issu du Très Haut comme un fils est issu de son père, comme un Dieu l'est d'un Dieu, comme la force l'est de la force,...... il est de même semblable à son Père, toutefois selon la ressemblance du vrai Dieu au vrai Dieu ....

.... Nous ne croyons point qu'il y ait union dans la divinité, mais nous croyons qu'il y a une parfaite unité ....

...... D'ailleurs, Jésus-Christ lui-même l'a déclaré, en disant à ses disciples : « Mon Père et Moi nous sommes un » et ici il ne veut point parler seulement de l'amour qu'il a pour son Père, mais bien de la divinité qu'il a en partage avec lui ....

...... Voilà qu'elle est notre foi. Et maintenant notre faiblesse voit comme on l'a trompée en supprimant le consubstantiel, maintenant qu'Hilaire, notre frère, ce confesseur du nom de Dieu, nous a appris combien pieux furent ceux qui vinrent de Rimini à Constantinople, nous rejetons tout ce que l'ignorance nous a fait accomplir.

Avec vous, nous déclarons excommuniés Auxence, Valens, Ursace et les autres : car, Hilaire nous l'affirme, on ne peut vivre en paix avec ceux qui partagent leurs erreurs. ....

Voilà ce que, Nous, évêques des Gaules, réunis à Paris (1), envoyons à nos frères les évêques Orientaux.

(1) (*Mém. pour servir à l'histoire ecclésiastique des 6 premiers siècles*), t. VII, art. XIV. Selon Tillemont, Saint Hilaire n'y assista pas, car le

Cette lettre sera le commentaire le plus éclatant et la [illegible]euve la plus évidente de tout ce que la Gaule doit au [illegible]and Hilaire. C'est grâce à lui que la France chrétienne existé. C'est grâce à lui aussi que l'on pourra dire plus [illegible]d : « *Gesta Dei per Francos !* »

L'Italie. — Après en avoir fini avec la Gaule, Hilaire [illegible]tourna du côté de l'Italie. Là le mal était plus grand. [illegible]érésie y semblait victorieuse. Les Eglises les plus im[illegible]tantes étaient aux mains d'évêques ariens. Tel Milan [illegible] étouffait sous l'évêque Auxence.

[illegible]ilaire passa les Alpes. Il comptait faire pour l'Italie [illegible] qu'il venait de faire en Gaule.

A la mort de Julien l'Apostat, Eusèbe de Verceil (1), [illegible] aussi exilé, avait regagné son diocèse. Il se rencontra [illegible] Hilaire et, tous deux, de concert se mirent à l'œuvre. [illegible]ntôt, grâce surtout à la douceur d'Hilaire, l'Italie [illegible]re fut pacifiée. Les résultats étaient admirables et [illegible]rent à Hilaire et à Eusèbe l'approbation du souve[illegible] pontife : on ne pouvait plus guère citer qu'une tache [illegible]e, dans la vallée du Pô, la cité de Milan.

[illegible]xence de Milan. — Le trône que devait plus tard [illegible]er Saint Ambroise était occupé, nous l'avons dit, [illegible] Auxence (2), un Arien. Celui-ci avait résisté à toutes [illegible] sollicitations des évêques orthodoxes, quand arriva [illegible]

[illegible] douceur allait-elle donc l'emporter encore ? L'évêque [illegible], malgré la rage de l'hérétique, se fixa à Milan.

[illegible] aurait eu lieu dans l'année [illegible] de son retour d'exil. Mais, si [illegible] Baronius (an. 362) on le placerait en 362. Hilaire y aurait [illegible]sé. Nous [illegible] vers cette dernière opinion.

[illegible] Eusèbe, [illegible] en Sardaigne et établi à Verceil, fut élu évêque [illegible] Exilé à Scythopolis en Palestine il eut à y endurer mille [illegible]ements. Il mourut en 370.

[illegible] Libère aux évêques d'Italie. Saint Hilaire, *Fragm.* [illegible]

Il y demeura longtemps, s'efforçant en vain de convertir Auxence. Auxence restait toujours indocile et sourd.

Sur ces entrefaites, Valentinien qui venait de remplacer Jovien, lequel lui-même avait succédé sur le trône impérial à l'Apostat Julien, arriva à Milan.

Hilaire tressaillit de joie : le nouveau prince était un orthodoxe.

Auxence voyant le péril se déclara sur l'heure partisan du symbole de Nicée. Hilaire se présenta devant l'Empereur, lui fit voir quel était l'évêque de Milan et obtint d'être confronté avec lui en une séance solennelle.

La joute oratoire eut lieu en présence de dix évêques et de deux délégués impériaux.

Auxence refusa tout d'abord de combattre : il invoquait l'excommunication prononcée jadis contre Hilaire par Saturnin d'Arles. Enfin, forcé de s'expliquer, effrayé, il se déclara adorateur du Christ « vrai Dieu » et consubstantiel au Père.

Quand il fallut signer cette déclaration, le fourbe se tira d'affaire au moyen de subtilités : il remplaça l'expression « *Vrai Dieu* » par l'expression « *Vrai Fils* ».

L'assemblée accepta. Vainement Hilaire protesta, demandant une autre audience impériale. On le renvoya à Poitiers (1).

Le vieil évêque fut un instant abattu lorsqu'il se vit, pour la seconde fois, en quelque sorte exilé : il ne le fut pas longtemps. Il était de ces âmes dont la volonté de fer se soutient au milieu des plus terribles orages. Il se rappela son courage d'autrefois, rougit d'avoir faibli, puis, mettant la main à la plume, il écrivit, ardemment, et l'hérésie stupéfaite put voir s'élever contre elle encore un ouvrage de l'infatigable pontife Hilaire : *Le livre contre Auxence.*

(1) Lire dans Rufin une fable ingénieuse sur cet épisode d'Auxence : Hilaire, convaincu d'hérésie, d'après un texte frauduleusement falsifié et expulsé du concile.

Contre Auxence. — « Quel (1) beau nom, s'écrie Hilaire, quel beau nom que celui de la paix ! quelle belle idée que celle de l'unité ! Mais il n'y a de paix possible que dans l'union à l'Eglise et à l'Evangile. Cette paix nous la tenons de Jésus-Christ qui en parle à ses apôtres après sa Passion glorieuse et qui la leur laisse comme gage de son éternel commandement. Pour nous, ô frères, nous l'avons toujours recherchée : nous avons travaillé à la recouvrer lorsqu'elle était perdue, à la rétablir lorsqu'elle était troublée, à la conserver lorsqu'elle était retrouvée. Mais hélas ! nos péchés et les précurseurs de l'Antechrist nous ont empêché de la goûter et de la donner aux autres ».

Puis vient une page éloquente qui va directement contre le système de l'inquisition médiévale établie sur le tyrannique secours du bras séculier.

« Oh, que nous devons avoir pitié de notre pauvre siècle et plaindre cet âge où l'on croit follement que les hommes peuvent protéger Dieu et où on cherche à défendre le Christ au moyen d'intrigues. Je vous le demande, à vous, évêques qui vous jugez tels, sur qui s'appuyaient donc les Apôtres lorsqu'ils prêchaient l'Evangile ?... Cherchaient-ils la faveur du prince, lorsque, au milieu des cachots, après le supplice, entravés de fer, ils chantaient leur hymne ? Est-ce avec l'aide de l'Empereur que Paul, jeté en spectacle au milieu de l'arène, aggrandissait l'Eglise de Jésus ? Est-ce avec l'aide d'un Néron, d'un Dèce ou d'un Vespasien, de ces princes qui, par leur haine, ont étendu l'Evangile, est-ce donc avec leur aide qu'ils se défendaient ?... Mais aujourd'hui... l'Eglise menace de la prison ou de l'exil : de force, elle veut qu'on croie en elle, en elle en qui jadis on croyait sans la prison et sans l'exil » !

Puis le docteur en arrive à Auxence. Il dévoile ses

(1) *Contre Auxence*, au début.

agissements, ses artifices et termine ces belles pages par une courageuse exhortation : « O vous, prenez garde, prenez garde à l'Antechrist. Ne chérissez pas plus qu'il ne le faut les murailles de vos édifices sacrés. Ne vénérez pas des constructions humaines au même titre que l'Eglise de Dieu... Je préférerais encore les monts, les bois, les cachots ou les gouffres, asiles plus surs que tous vos sanctuaires ....

« Fuyez donc Auxence, fuyez cet ange de Satan, fuyez cet adversaire du Christ, ce voleur d'âmes, cet apostat... Pour moi, je le jure, jamais je ne désirerai union ou paix qu'avec celui qui restera fidèle à la foi de Nicée, qui anathématisera les hérétiques, et clamera bien haut que le Christ est véritablement Dieu ».

Ce fut le dernier effort d'Hilaire contre l'arianisme : il était épuisé. Ce voyage inutile l'avait fatigué plus que tous les autres. Son dos était voûté, son visage était ridé. Pour ce vaillant les luttes étaient finies !

CHAPITRE XIII

La Fin de Saint Hilaire

OYAGES. — TRAVAUX LITTÉRAIRES. — MORT D'ABRA. — FONDATION DE SAINT-JEAN-SAINT-PAUL. — MATERNIEN. — LA MORT.

Infatigable, Hilaire ne put encore rester inactif. Il ccupa ses dernières années à de nouveaux travaux, à de ouveaux voyages.

Le diocèse de Limoges, le diocèse de Saint Martial était lors sans évêque. Hilaire se crut obligé de le visiter. s'y rendit et, accompagné de Just, aux pieds des eliques de l'Apôtre de l'Aquitaine longtemps il pria.

Puis il se dirigea vers le Périgord. Ce pays était alors ublé par les agissements de l'évêque arien Paterne. Il partenait à Hilaire d'aller porter là des paroles de con-lation. Il demeura quelque temps à Périgueux (1). Au part il demanda la route qui le ramènerait à Poi-rs. On la lui indiqua, puis on lui conseilla d'éviter la êt voisine infestée de voleurs et d'hommes de mau-se vie.

ais le pontife, voyant là des âmes à sauver, en prit

(1) La cité de Périgueux garda longtemps le souvenir de Saint Hi-. Une belle église s'éleva en son honneur. Un pont porte encore du saint évêque de Poitiers.

sans tarder le chemin, sous les yeux de la foule stupéfaite. Arrivé en ce lieu, il se mit à prêcher, et les infidèles en vinrent à demander le baptême.

Cependant cette conversion, quoique rapide, ne se fit pas sans difficultés. On rapporte même, qu'à l'endroit où s'élève aujourd'hui le petit bourg de Saint Hilaire de Lastours (1), le prélat se vit entouré par une foule grimaçante de païens qui l'injurièrent grossièrement.

Hilaire ne soufflait mot : mais voilà qu'à ses pieds jaillit une source d'eau vive qui force les idolâtres à baisser la tête : ils sont convertis (2).

Dans ce lieu Hilaire édifia une chapelle en l'honneur de la Vierge-Mère, l'accompagna de quelques cellules propres à la vie érémitique et y laissa son disciple pour achever son œuvre. Puis, il reprit le chemin de Poitiers...

Il ne devait plus jamais quitter cette ville.

Travaux littéraires. — Hilaire était trop épuisé pour lutter encore : *sa réfutation du pamphlet de Dioscore* (3) et son *livre contre Auxence* ne furent plus sui-

(1) « Ce fait a dû se passer au petit bourg de Saint-Hilaire de Lastours, tout près de Nexon qui est, ce semble, l'ancienne *Anissionis.* » Abbé Barbier.

(2) Nous ignorons si c'est à ce moment qu'Hilaire accomplit un voyage dans l'Est. Nous trouvons des traces de sa présence à Vouécourt où existe un célèbre pélérinage en son honneur, puis à Voyers, (dioc. de Langres). Au sud de cette commune se trouve une fontaine de Saint Hilaire due, dit la tradition, au pied de la monture du Saint. C'est là un lieu de pélérinage assez fréquenté. On y raconte plusieurs miracles accomplis par l'intercession de Saint Hilaire qui a la spécialité de guérir les rhumatismes.

Un chantre du nom de Pérard s'était fait entrer une épine dans l'œil. Le malheureux poussait des cris terribles. On le mena à la fontaine Saint-Hilaire et là, son épine s'arracha après une prière au glorieux pontife.

La source est surmontée d'une statue du Saint, en bois. En 1793 un impie, Chevalier, voulut la briser : il perdit soudainement l'usage de ses jambes.

(3) Sous l'inspiration de Julien l'Apostat un grand nombre d'indignes

vis d'œuvres combattives. Le *Commentaire sur les Psaumes* — recueil des suprêmes homélies adressés à son peuple par le vieux pontife — et la préparation d'un *ouvrage d'histoire*, dont il ne nous reste, malheureusement, plus que des fragments, furent les travaux qui occupèrent ses dernières années.

Puis, il copiait pour ses fils les moines de Ligugé les saints évangiles (1). Il recopiait divers de ses ouvrages, attendant comme une libératrice la mort qui devait l'emmener dans le Paradis glorieux.

Rien maintenant ne le retenait plus sur la terre : il avait lutté, jusqu'à manquer de forces ; l'Eglise suivait ses enseignements ; il était désormais sûr de la victoire. Son peuple, fidèle, ne connaissait plus qu'une loi ; celle de Dieu. Les uns après les autres, ses disciples s'éparpillaient, loin de lui : Martin restait à Ligugé, où le vieil évêque ne pouvait plus guère aller.

Just était à Périgueux, Macaire à Espetven, Vivence à Olonne, Benoît de Samarie était mort.

Mort d'Abra et de sa mère (2). — Sa famille était disparue et disparue à sa prière : un jour, il avait vu venir à lui Abra, triste, qui l'avait supplié de le joindre au céleste Epoux. Le père n'avait su refuser. Il s'était mis en oraison, et Abra était tombée, morte, dans ses bras !

Puis la mère, aussi, le supplia de la joindre à sa fille,

libelles apparurent au jour. Saint Hilaire écrivit une réfutation de celui du médecin Dioscore et la dédia à Salluste, préfet des Gaules.

(1) On lit dans le testament de Saint Perpet évêque de Tours un don fait par celui-ci à Euphrone d'Autun d'un évangéliaire *écrit de la main de Saint Hilaire. Vid* : d'Achery, *Spicileg*, p. 106.

(2) Voir, au musée eucharistique de Paray-le-Monial, un tableau représentant cette mort miraculeuse. Le culte de Sainte Abre est encore vivant à Poitiers. Sa statue se dresse à Saint Hilaire de la-Celle. Elle est la patronne d'une Société de jeunes employées de commerce. Cf. « *une jeune sainte poitevine au IVe siècle* », par le R P. dom Chamard. Poitiers, Oudin.

et de la même manière, après une prière d'Hilaire, son âme, à elle aussi, s'envola (1).

Florence aussi, son amie la plus chérie, l'avait précédé dans le silence du tombeau. Hilaire soupirait donc après cet heureux moment où son âme, délivrée de ses entraves terrestres, irait, elle aussi, rejoindre là-haut les êtres qu'elle avait bien aimés.

Fondation de Saint-Jean-Saint-Paul. — En attendant, il se prépara un tombeau. Au sud de la cité, non loin de la cellule de Triaise la recluse, il possédait une petite chapelle, construite par ses soins et enrichie, après son voyage à Milan (2), des reliques de deux frères martyrs, Jean et Paul auxquels elle était dédiée.

Dans la crypte de cette église, il y avait deux tombeaux, renfermant les corps de la mère et de la fille. Le père y éleva aussi son sépulcre. C'était là qu'Hilaire voulait reposer jusqu'à la résurrection finale, avec son enfant, avec son épouse, près de Triaise, son amie, non loin de sa cité épiscopale, dans une solitude où les bruits de la terre ne viendraient point troubler son paisible repos.

Visite de Maternien. — Vers la fin de l'année 367, le pontife sentit s'appesantir sur lui les premières atteintes de la maladie qui allait bientôt l'enlever à l'amour de ses

(1) Jamais cette sainte femme, bonne épouse et bonne mère, n'a joui d'un culte public

(2) Saint Jean et Sain tPaul étaient deux frères de la plus noble extraction, attachés comme officiers à l'empereur Constance. Julien voulut les avoir près de lui à Byzance : mais les deux saints refusèrent de servir un apostat. Irrité, Julien les fit mettre à mort. Leur culte devint bientôt florissant à cause de leurs miracles. Saint Hilaire étant allé en Italie en 364, l'année qui suivit leur mort, obtint quelques-unes de leurs reliques et lorsque, en 365, il fut de retour dans sa cité, il éleva, en leur honneur, la petite basilique de Saint-Jean-Saint-Paul où il fut enseveli. (D'après le chanoine Auber, Bull. des Ant., t. VIII, p. 183.

enfants. Mais une dernière grande joie lui était encore réservée.

Cette grande joie, le glorieux Saint allait la puiser dans la visite d'un ami. Maternien, métropolitain de Reims, avait appris — par révélation, disent les hagiographes (1) — combien était proche le trépas du docteur de Poitiers et, lui aussi, il avait désiré connaître, avant sa mort, celui que déjà l'on nommait : « *l'Oracle Catholique des Gaules* ».

Maternien arriva auprès d'Hilaire et, douze jours durant, il demeura à Poitiers, s'entretenant avec le Pontife de l'Eglise, de l'Arianisme à présent vaincu, des luttes et des peines qu'il avait fallu endurer pour arriver à ce beau et consolant résultat.

Au matin du douzième jour les deux saints se séparèrent : Maternien partit, après avoir donné à Hilaire rendez-vous au Ciel.

Mort du Saint. — On était au XIII janvier 368 (2). Hilaire se sentit pris de frissons fébriles et, sur la prière de ses disciples, il consentit à se mettre au lit. Mais sentant la mort, il voulut qu'on l'étendit au pied de l'autel de l'église où, vivant, il célébrait l'office.

..... Le soir arriva..... Martin, prévenu à la hâte, était encore absent. Autour de la couche où le vieil évêque agonisait, se tenaient Lienne et Just, arrivés du Périgord depuis peu (3), tous deux éplorés.

Soudain le pontife se tourna vers Lienne et lui demanda si l'on n'entendait point de bruit en la cité endormie. Lienne sortit et revint bientôt annoncer que l'on entendait le murmure d'une foule immense. Alors le glorieux prélat se mit à causer avec son disciple de la vie future,

(1) Bolland, *Acta Sanctorum*, au 30 avril.

(2) « Il y mourut en paix, environ deux ans après ce voyage, le 13 janvier 368, selon les uns et selon les autres au commencement de l'an 367. » *Vie des Saints pour tous les jours de l'année*, Paris, MDCCLVII.

(3) Un chapiteau de Saint-Hilaire-le-Grand représente cet évènement.

donnant des conseils pour la vie présente, puis, pour la seconde fois, il pria Lienne de voir si l'on entendait le même bruit : sur sa réponse négative, une lumière d'une splendeur merveilleuse aveugla les deux prêtres (1) qui tombèrent la face contre terre.

Puis, la céleste apparition disparut et Hilaire apparut mort aux disciples en larmes.

Ainsi avait vécu l'un des plus grands docteurs de l'Eglise. Ah, au moment où, pour nous, les temps deviennent sombres, ayons sans cesse les yeux fixés vers cette radieuse et consolante figure. Imitons-le, et aimons-le, « ce glorieux oracle de la vraie doctrine, ce guide éclairé et toujours sûr dans le péril, ce restaurateur sage et modéré après les ruines accumulées par la tempête (2) » !

(1) Lire la belle page de M. l'abbé Rousseau dans sa *Monographie de la Roche-sur-Yon*, sur cette mort miraculeuse.

(2) Dom Chamard, *Hist. ecc. du Poitou*, ch. VII.

DEUXIÈME PARTIE

CHAPITRE XIV

Les Restes de Saint Hilaire

FUNÉRAILLES. — DIVERSES TRANSLATIONS. — MIRACULEUSE DÉCOUVERTE. — LA RÉVOLUTION. — DEPUIS LA RÉVOLUTION

Funérailles. — La vénération que le peuple de Poitiers, que le peuple de la Gaule et de l'Italie avait eue de son vivant, pour le glorieux pontife ne fit que s'accroître après sa mort. On se disputa ses restes, objets de tendre vénération pour les siècles qui suivirent. Dès le lendemain de son décès, on honorait déjà Hilaire comme un Saint.

Il resta quelque temps étendu sur sa couche funèbre (1), au milieu d'une foule de prêtres, de pieux laïques accourus de toute part. En quelques jours la Gaule entière avait appris la funeste nouvelle.

On voyait par tous les chemins des convois de paysans que le pieux pasteur avait consolés ou guéris, se donner rendez-vous en pleurant auprès du corps déjà froid de leur ami. Les disciples erraient, désolés, cherchant partout leur maître, fondant en larmes aux mille petits sou-

(1) Un manuscrit (nº 5316) de la bibliothèque nationale dit seulement « *cumque corpus examine... diu super terram esset.* » M. l'abbé Barbier, plus affirmatif dit que le corps d'Hilaire resta exposé pendant une semaine entière.

venirs que chaque objet leur rappelait. Les Evêques (1), eux aussi, arrivaient, déplorant ce funeste trépas, glorifiant celui que déjà ils appelaient leur patron et leur père.

Les lépreux, les paralytiques, les aveugles abondaient autour de la petite église où reposait leur pasteur, lui demandant de guérir, du haut du ciel, leurs membres endoloris. Les miracles éclataient de tous côtés : là, c'était un pauvre homme, privé de l'usage de ses jambes, qui, guéri laissait tomber ses béquilles ; là, un sourd-muet qui pour la première fois entendait et parlait ; là un aveugle ébloui qui contemplait la splendeur du soleil qu'il n'avait encore jamais vu.

Funérailles. — Il fallut cependant songer à ensevelir le corps du défunt. Quel édifice aurait l'honneur de garder ce dépôt insigne ? Les uns voulaient que ce fut l'oratoire de sa maison de *la Celle* (2) ; les autres, avec raison, rappelaient que sa volonté avait toujours été qu'on l'enterrât avec sa famille à Saint-Jean-Saint-Paul. On se rendit à cette dernière idée. Le cortège s'organisa et se mit en marche vers le lieu de la sépulture. En tête marchaient le clergé et les évêques qui avaient revendiqué comme un honneur de porter sur leurs épaules le cercueil de leur saint confrère. Puis, suivaient, éplorées, les vierges imitatrices d'Abra, de Florence et de Triaise, sui-

(1) Hilaire eut pour successeur Pascentius son disciple. Le peuple avait offert l'épiscopat à Martin, puis à Just et tous deux avaient refusé. On a cependant accusé les Poitevins d'ingratitude pour n'avoir pas élu Martin à un poste que son humilité lui avait vraisemblablement fait refuser.

(2) Les chanoines de Saint-Hilaire de la Celle ont prétendu que Saint Hilaire avait été enterré dans leur Église, puis volé par les moines de Saint-Hilaire-le-Grand. Il est aujourd'hui hors de doute que Saint Hilaire fut enterré avec les siens à Saint-Jean-Saint-Paul. Vid. Nic. Gaill. *Dissert. sur les reliq. de Saint-Hilaire. Bull. des Ant. de l'Ouest*, t. I, année 1836.

vies d'une foule immense de peuple, composée des représentants de toute la Gaule.

Miracle. — On arriva aux arènes (1). Là, un paralytique, soutenu par deux hommes, s'était arrêté, attendant le passage de la procession. On le porte jusqu'au mort, il étend la main, il se raidit et soudain on le voit marcher... On l'entoure... D'autres paralytiques s'approchent. Mais voilà que l'un d'eux a saisi la main du miraculé et que lui aussi délivré de son mal se met à acclamer son bienfaiteur. Alors une joie délirante saisit la foule entière, et c'est au milieu de transports inénarrables que l'on arrive à Saint-Jean-Saint-Paul...

L'ensevelissement. — Les pontifes et les clercs peuvent seuls entrer dans l'enceinte trop étroite de la Basilique ; le peuple reste dehors, commentant les incidents de la journée et louant son évêque disparu, mais toujours glorieux.

Pendant ce temps, le corps a été descendu en sa crypte et là, pour des siècles, Hilaire va reposer aux côtés de son épouse et de sa fille.

Dès le lendemain de la sépulture, la petite église devint le rendez-vous des pèlerins du monde entier, attirés par la renommée des prodiges qui s'accomplissaient autour de ce sépulcre béni.

Miracles. — Saint Fortunat, qui écrivait au VIe siècle, après avoir donné un livre sur la vie de Saint Hilaire,

(1) Poitiers possédait des arènes immenses, plus grandes que celles de Nîmes et même que celles de la plupart des villes d'Italie. Respectées durant tout le moyen-âge, il a fallu que le XIXe siècle leur portât le coup de mort en une journée désastreuse pour l'histoire et pour l'art. Vid. *Mém. de la Soc. des Ant. de l'Ouest*, t. VIII, p. 137 et sqq.

en donna un autre tout entier sur ses miracles, et c'est grâce à lui que nous pouvons, aujourd'hui encore, lire le récit de ces merveilles.

..... Deux cadurques (1), couverts d'une horrible lèpre, se présentèrent un jour devant le tombeau : ils n'en ressentirent d'abord aucun effet. Sans se décourager ils mêlèrent à de l'eau la poussière du sépulcre et plusieurs jours durant s'en lavèrent par tout le corps. Enfin la lèpre céda devant le pouvoir d'Hilaire. Les deux hommes furent guéris.

Un autre jour, c'était une jeune fille, impotente et muette de naissance que l'on amenait dans la basilique et qui, devant tous, se levait et parlait.

Probianus, évêque de Bourges, alors tout enfant, avait fait une grave maladie. Ses parents Franco et Periculosa le voyant s'affaiblir chaque jour, au lieu de désespérer, comme beaucoup, le portèrent dans la crypte où reposait Hilaire. Dans ce lieu sanctifié l'enfant se redressa bientôt, plus fort que jamais. Devenu évêque, il n'oublia pas son bienfaiteur et il prit l'habitude de venir, chaque année, en pèlerinage à Poitiers, remercier Celui qui lui avait conservé l'existence.

Les aveugles eurent souvent, eux aussi, à rendre grâce à Hilaire. L'un d'eux fut guéri par trois fois. Un autre, qui se rendait à Saint Martin de Tours, s'arrêta à Poitiers et recouvra soudainement la vue auprès du tombeau miraculeux.

Une femme qui s'était démis la main eut un songe dans lequel il lui fut commandé d'aller à la basilique de Saint Hilaire implorer l'aide de ce Saint : elle y alla et revint guérie.

Les barbares. — Cependant les malheurs des temps

(1) C'est-à-dire du pays de Cahors. Ces deux hommes se nommaient *Castorius* et *Crispus*. Ils s'attachèrent à la basilique et au service de leur sauveur.

interrompirent pour un moment cette confiance filiale du peuple pour le saint évêque.

Au ve siècle, on vit successivement arriver en Poitou, hordes dévastatrices, les Vandales, les Goths (1). Or, on se rappelle que la basilique de Saint-Jean-Saint-Paul était une basilique suburbicaire exposée, par conséquent, la première, aux ennemis du dehors.

..... Un monceau de ruines ensevelit bientôt sous ses décombres le précieux dépôt que l'on y vénérait si pieusement.

Puis Honorius céda l'Aquitaine aux Wisigoths ariens. Ceux-ci, maîtres de Poitiers, ne songèrent naturellement point à relever ces ruines que l'on commença à regarder sans intérêt.

Saint Fridolin. — Le souvenir de Saint Hilaire disparut presque complètement. Seuls quelques moines, cachés dans les restes croulants de leur monastère déploraient cet oubli injuste. Leur abbé Fridolin, fils de la catholique Irlande, vit un jour, pendant qu'il priait, apparaître Saint Hilaire lui-même qui lui découvrit le lieu encore ignoré où étaient cachées ses précieuses reliques : il lui enjoignit d'aller immédiatement vers le roi des Francs, Clovis, afin de lui demander des secours et de donner à ses os un abri plus convenable (2) !

On était en 507. A cette époque ce prince, chrétien depuis peu, songeait à chasser de son royaume les Goths envahisseurs. Après avoir réuni son armée, il prit le che-

(1) Cf. sur cette période les *histoires du Poitou* de Thibaudeau, de Guérinière et de M. l'abbé Auber.

(2) Dès que Fridolin eut eu cette révélation, il songea à retirer les reliques de leur cachette pour les présenter à la vénération populaire. Trois prêtres pénétrèrent en la crypte. Mais le lendemain, l'un d'eux mourait, un autre perdait la vue et l'autre devenait paralytique. On attendit donc pour une translation la volonté de Dieu et de Saint-Hilaire. Voir *Revue du Bas-Poitou*, mars 1904.

min de l'Aquitaine et de Poitiers où résidait le roi barbare Alaric.

« Entré avec une partie de son armée sur le territoire « tourangeau, il (Clovis) prohiba sévèrement toutes exac- « tions de ses troupes, ne leur permettant de réclamer « que de l'herbe et de l'eau. Dans le cours de sa marche, « il envoya des messagers au tombeau de Saint Martin « de Tours, où il n'avait pu entrer lui-même.

« A Port-Boulet il ne paraît pas avoir éprouvé de dif- « ficultés pour traverser la Loire, mais seulement à Port- « Guiau, la Vienne étant accidentellement gonflée par les « pluies. Il fut guidé dans sa marche par une biche « blanche d'une grandeur merveilleuse. De là il se dirigea « vers Poitiers après avoir adressé aux populations sa « proclamation (1)..... »

Là, derrière les vieux murs romains restaurés, se tenait à l'abri Alaric avec ses troupes. Le roi Franc, attendant une occasion favorable, campa à quelques milles de la cité, dans les champs de Vouillé et de Quinçay. Sur ces entrefaites la nuit arriva... Le prince reposait dans sa tente, quand, soudain du haut de la tour croulante de la basilique d'Hilaire, apparut une miraculeuse lueur qui se dirigea vers les pavillons de Clovis (2).

A cette vue, l'ardeur de l'armée se réveille et force les Wisigoths à livrer la bataille avant l'arrivée de leurs alliés.

(1) M. Alfred Richard, archiviste de la Vienne. *Mémoire sur la bataille de Vouillé.* (*Bull. de la Soc. des Ant. de l'Ouest*), 1er trim. 1898. Il semble, qu'à la suite de cette dissertation si probante, il faille considérer la question comme tranchée en faveur de Vouillé. Voir néanmoins : Mgr de Bauregard évêque d'Orleans (*Mém. sur la bataille dite de Vouille*). Mem. Antiq. Ouest, t. II, p. 109. Saint-Hypolite (*Mém. sur les champs de bataille du Poitou*), *ibid*, t. XI, p. 59, qui la placent à Voulon et à Champagné.

(2) « *Un grand rais de feu ardent issit du moûtier Sainct-Hilaire et descendit sur les pavillons-le-roy, là endroit où il dormoit* » (*Chroniques de Saint-Denis*).

Le secours promis par Saint Hilaire ne se fit pas attendre. A neuf heures du matin, l'armée barbare était en déroute et Clovis rendait grâce à Dieu et à Saint Hilaire.

L'occasion était bonne pour Fridolin de faire sa demande. Il se rendit à Paris, accompagné d'Adelphius, évêque de Poitiers et, à l'arrivée du vainqueur, il lui exposa sa requête. Le roi reconnaissant donna aux deux prélats une somme d'argent importante et diverses propriétés en Poitou et en Bourgogne (1).

A l'aide de ces subsides, on put reconstruire la basilique et sortir le précieux corps de l'abri où il était depuis trop longtemps enfoui.

Première translation. — Le 26 juin 510 eut lieu une cérémonie splendide. Adelphius, assisté de Fridolin et d'un grand nombre d'évêques, sans doute sous la présidence du Roi, ouvrit la cachette, et là, au milieu d'une lumière miraculeuse, et avec l'aide des anges, nous disent les chroniqueurs, il prit le précieux dépôt miraculeusement retrouvé. Il le plaça dans une magnifique capse que l'on exposa dans l'église restaurée : elle changea alors son nom primitif en celui de SAINT HILAIRE.

Les miracles, à partir de cette solennité, recommencèrent, plus nombreux que jamais

Miracles. — Tantôt c'étaient encore de miraculeuses guérisons, comme celle de cette femme de Bazas qui, s'étant blessée, vit apparaître en son sommeil un évêque inconnu à côté d'un tombeau. Le prélat se pencha vers elle, sembla la toucher de la main et, quand elle se réveilla, elle était guérie. Résolue de faire un pèlerinage

(1) Ces terres ainsi données par Clovis étaient celles de Champagné-Saint-Hilaire en Poitou et de Longrets près Auxerre. En 1790, Champagné rapportait au chapitre 11.880 livres et Longrets 3.400 livres.

d'actions de grâce à ce bienfaiteur ignoré, elle se rendit à Poitiers, et là, elle reconnut dans le tombeau de Saint Hilaire, le tombeau aperçu dans son songe (1).

Tantôt le Saint intervenait en faveur d'innocents. Tel ce prêtre accusé de faux qui, forcé, pour se disculper, de tremper sa main dans l'huile bouillante, invoqua Hilaire et la retira sans aucun mal, tandis que quelques gouttes tombant sur celle du criminel le faisaient reconnaître.

Tantôt encore c'étaient d'autres miracles plus particuliers : on avait vu deux serpents sortir d'un autel dédié au saint confesseur (2). Une autre fois, un cierge, brûlant près du tombeau miraculeux, était tombé sur le drap précieux qui le recouvrait et sans le détériorer avait continué de brûler, etc.

Le saint corps continua de gratifier ainsi de ses faveurs ceux qui l'invoquaient, jusque vers l'an 900 (3).

Les Normands et deuxième translation. — A cette époque, les farouches Danois qui déjà s'étaient avancés jusqu'aux murs de Poitiers reparurent à l'horizon, plus menaçants que jamais. Les Poitevins désireux de sauver leur plus précieux trésor l'emportèrent, avec l'aide

(1) Vid. Jean Bouchet, *Annales d'Aquitaine,* page 47 sqq.

(2) Tel encore cet autre prodige que nous rapporte Saint Fortunat et après lui *Ribadeneira* au livre duquel nous l'empreintons : « Deux marchands qui allaient en l'église Saint-Hilaire, ayant vu une belle « figure, l'un demanda à l'autre s'il trouverait bon que l'on offrit cette « image au Saint à leurs dépens ; l'autre n'en fut pas d'avis parce qu'il « ne voulait rien dépenser, ni faire cette offrande. Néanmoins tous « deux s'approchant de l'autel et offrant cette figure, l'un de bonne vo« lonté, l'autre à regret, la figure se partagea également par la moitié... « comme si le Saint n'eût point voulu recevoir qui ne lui était offert « de bon cœur. » *Vie des Saints,* t. I. p. 90, trad. Darras.

(3) Cf. un petit opuscule fort rare aujourd'hui et intitulé : *Miraculeuse découverte des précieuses reliques de Sainct-Hilaire de Poictiers trouvées en l'église du Puy en Vellay. A Poictiers Jean Fleuriau 1657* (à la bibliothèque de Poitiers et à Saint-Hilaire le Grand).

de leur comte, frère de l'évêque du Puy, Norbert, jusque dans cette ville et là, ils le déposèrent dans l'église Saint-Georges.

Lorsque la tourmente fut passée et qu'Adèle d'Angleterre et Agnès de Bourgogne eurent magnifiquement rebâti la basilique, on y rapporta, sinon tout le corps du Saint, du moins une partie assez importante (1).

Le culte reprit plus vivace que jamais autour des Saintes Reliques et les hommes les plus saints et les plus éminents se firent un honneur de venir prier auprès des restes recouvrés de Saint Hilaire.

En 1395, Jean, duc de Berry, comte apanagiste du Poitou, obtint du trésor de Saint-Denis d'autres reliques d'Hilaire, la mâchoire inférieure et une partie du crâne (2).

Ce chef fut enfermé en une châsse magnifique, accostée de deux anges et supportée par un pilier reposant lui-même sur un socle, châsse qui avait coûté 12.230 livres, chiffre énorme pour l'époque.

Les Huguenots. — La basilique garda ses reliques jusqu'en 1562. Dans le cours de cette année néfaste, les huguenots, sous le prétexte de protester contre les croyances de l'Eglise, en profitèrent pour s'emparer de ses richesses.

La collégiale se vit enlever tout son trésor et au milieu

(1) « Nous persistons à penser que le Puy n'avait pas conservé la « totalité des ossements de Saint Hilaire, quand on lui en redemanda « en 1657, et que notre abbatiale en possédait une partie. » (De Longuemar. *Essai hist. sur Saint-Hilaire le Grand*, Mém. Ant., t. XXIII note 5, p. 369). Nous nous rallions à cette remarque.

(2) D'après M. Nicias Gaillard il faudrait voir en ces reliques celles, de Saint Hilaraire de Gevaudan : cependant Saint-Denis pouvait posséder des reliques du Saint Docteur Poitevin et c'est la conclusion d'un volumineux et savant travail encore inédit sur cette question pleine d'intérêt. Espérons que l'auteur ne tardera pas à publier cette œuvre impatiemment attendue. *Bulletin des antiquaires*, voyez Appendice II.

de chansons sacrilèges, brûler les saintes dépouilles que l'on y vénérait depuis tant d'années. Les reliques de Saint Hilaire et leurs riches châsses disparurent à jamais.

« *Le chief de Saint Hilaire, pour lequel porter en procession convenait être quatre hommes qui estoient bien chargiés* », devint la proie d'impies ravisseurs qui profanèrent ce qu'il contenait.

Par bonheur, la domination calviniste fut de courte durée et, au bout de quelques années, lorsque la paix eut été rendue au royaume, le Chapitre songea à se procurer d'autres ossements de son patron.

En 1602, Geoffroy de Saint-Belin, évêque de Poitiers, s'adressa encore à la royale abbaye de Saint-Denis et obtint un autre morceau du crâne, que l'on enferma dans un buste d'argent.

Découverte au Puy. — Mais le Chapitre de Saint Saint Hilaire le Grand apprit, en 1657, que l'on venait de découvrir, dans l'Eglise Saint-Georges-du-Puy (1), le reste des reliques que l'on y avait laissé au xe siècle !

La collégiale désira dès lors posséder une partie de ces os vraiment authentiques : elle délégua auprès de M. Henri Maupas du Tour, évêque du Puy, deux chanoines (2), qui présentèrent sa requête, appuyée d'une lettre de recommandation du Roi Louis XIV.

L'évêque du Puy se rendit à cette demande et donna, sans retard, aux délégués de Saint-Hilaire, l'humérus du bras gauche et une partie du crâne de leur Saint Patron, « duquel bienfaît lesdits députés nous ayant rendu grâce « et auxdits chanoines de Sainct-Georges, ils nous ont « humblement requis de les vouloir aussi gratifier de « quelques parties des reliques de Sainct Georges, pre-

(1) Déjà les évêques du Puy avaient reconnu les ossements de Saint-Hilaire en 1162, sous Pierre Ier, puis plus tard sous Guillaume de Chalençon (1428).

(2) Les chanoines Regnaud et de Brilhac.

« mier évêque du Vellay, afin que les corps de ces deux « grands évêsques, ayant si longtemps reposé ensemble « dans l'église Sainct Georges, ils reposassent encore « conjointement, en quelques-unes de leurs parties, dans « l'église Sainct Hilaire ».

Le prélat accéda à cette nouvelle demande et joignit à son envoi le radius du bras de Saint Georges.

Le retour de Saint Hilaire dans sa patrie fût un retour triomphal. Le chapitre ne négligea rien pour donner aux cérémonies qui eurent lieu à cette occasion un éclat extraordinaire. Pour la circonstance on créa des hymnes nouvelles, des litanies pieuses en l'honneur du grand pontife rendu à l'amour des siens, et deux fêtes annuelles rappelèrent désormais le souvenir de ces évènements (1).

La châsse. — Les reliques furent déposées en une châsse splendide, d'une grande richesse de décoration. En voici la description.

« Il (le reliquaire) est en cristal de roche, enchassé en « ébène, en forme de cassette, soutenu par seize colonnes « de même cristal, toutes cannelées, avec la frise et cha- « piteaux des colonnes d'argent vermeil doré, ayant au « frontispice un soleil supporté par deux anges et au « même étage, sur les quatre corniches, quatre figurines « des quatre docteurs de l'Eglise, et au bas étage, sur la « corniche du piédestal d'ébène, monté sur six pom- « mettes d'argent vermeil doré, il y a six figurines dont « celles des quatre coins représentant les animaux de « l'Apocalypse, les deux du milieu représentant celles de « Valens et Ursacius, fauteurs de l'hérésie d'Arius, autre- « fois vaincus par le grand Saint Hilaire, lesquelles toutes « figurines sont d'argent vermeil doré ; le prix de tout se « montant à la somme de 3.700 livres ».

(1) Ces deux fêtes se célébraient l'une le 17 juillet, jour anniversaire de la découverte des reliques, et le 25 novembre, jour de leur remise aux mains du Chapitre.

Dans leur riche capse, les derniers restes d'Hilaire allaient-ils donc enfin reposer en paix ? Hélas ! pas encore.

La Révolution. — La Révolution arrivait à grands pas. En 1792, les commissaires de la nation se présentèrent à la collégiale et firent main basse sur les objets précieux qu'elle contenait. Par bonheur, le coffret et les reliques échappèrent à une dernière profanation.

Du palais de justice, où on les avait transportées, elles furent soustraites, pendant la nuit, par un ami du grand Saint, par l'encaveur Touzalin, qui les déroba au péril de sa vie et les transporta dans l'église Notre-Dame, en 1794. Sans doute les ornements d'or et d'argent qui ornaient la cassette avaient disparu dans la tourmente, mais enfin on pouvait encore vénérer les restes du grand docteur et là était le principal.

De nos jours. — Lorsque la basilique eut été réparée convenablement, on put lui rendre son plus précieux trésor que vérifia en 1807, Monsieur l'abbé Brumault de Bauregard, curé de Saint-Pierre de Poitiers et plus tard évêque d'Orléans, un des admirateurs les plus convaincus du Saint Evêque.

Dans les remaniements successifs que subit depuis cette époque la basilique poitevine, on découvrit la crypte antique où jadis Hilaire avait reposé : on put songer à l'utiliser dans l'aménagement de l'édifice restauré (1).

Le 10 juillet 1892 (2) une nouvelle châsse, exécutée sur les plans de M. Formigé, dûe au zèle du sympathique abbé Berloquin, curé de Saint Hilaire et à la générosité des fidèles, recevait, après avoir été solennellement bénite, la capse où, depuis 1657, étaient renfermées les

(1) Voir dans la *Revue du Bas Poitou* de mars 1904, une fort intéressante notice due à la plume autorisée de M. L. Maître sur la *Crypte mérovingienne de Saint-Hilaire de Poitiers*.

(2) Voir la *Semaine liturgique* de l'epoque.

reliques. Cette châsse, monumentale, en bronze doré, avec colonnes historiées, sur lesquelles viennent se reposer les arcatures est ornée, sur sa façade, d'une belle statue du saint confesseur.

Elle-même est exposée sur un support de pierre blanche, soutenu par 4 colonnes de marbre vert, dans la crypte où Hilaire avait jadis voulu reposer avec son Abra.

Lorsque l'on s'approche, avec respect, de cette châsse où reposent les quelques restes noircis de ce grand homme, la tristesse saisit le cœur et on ne manque point de s'écrier, plein d'une douloureuse et angoissante surprise.

« Ainsi, de tout ce que fut le grand Hilaire, à peine « reste-t-il quelques derniers débris arrachés aux « flammes, qu'une main fidèle a tenus cachés pendant « qu'on faisait la guerre aux tombeaux (1) » !

(1) M Nicias Gaillard.

APPENDICE AU CHAPITRE XIV

« *Procès-verbal de l'ouverture du tombeau où reposoient les reliques de Sainct Hilaire et Sainct Georges et de la translation dans les nouvelles châsses.*

« Nous Henry de Maupas du Tour, par la grâce de Dieu et du Sainct Siège Apostolique, évesque du Puy, comte du Vellay, suffragant spécial et immédiat de l'Eglise de Rome, abbé de Sainct-Denis de Rheims, conseiller ordinaire du roy en ses conseils, et premier aumosnier de la reyne. Sçavoir faisons que le dix-septième jour du mois de juillet de l'an mil six cent cinquante-cinq, en l'assistance de Me Marcellin Beget, doyen de notre Eglise Cathédralle, Claude Spert, abbé de Saint-Pierre-la-Tour, Claude Meget, Balthazar de Ravissac, François Spert, Hugues Pradier, Amable Pradier, Armand Colomb et Anthoine André, chanoines de nostredite Eglise Cathédralle, Anthoine Blondeau prestre, Pierre Moutot, André de la Garde maîstre imprimeur, Just de la Font notaire royal et autres habitans de laditte ville, à la requisition des sieurs chanoines de l'Eglise collegiale de Sainct-Georges-du Puy, M. Gabriel Colomb, chanoine et syndic, Jacques Vallat, Gabriel Rousset, Claude Bernard, Anthoine de Trousson, Jacques le Breton et Jacques Caret, chanoines ; avons faict ouverture en la présence des susnommés et plusieurs autres, d'un tombeau de pierre qui estoit derrière le grand autel de laditte église Sainct Georges, où nous avons trouvé une caisse de bois liée de plusieurs ferrements en divers endroits, et au milieu d'une ficelle scellée audessus d'un grand sceau de cire rouge aux armes de messire Guillaume de Chalençon évêsque du Puy, et au dessus de laditte caisse avons aussi trouvé une boëte de bois et dans icelle une charte de parchemin scellé de cire jaulne au lasset de cuir, où est imprimée l'effigie de Pierre évesque du Puy, contenant en substance d'avoir trouvé au même lieu, en l'an mil cent soixante-deux, un vase où estoient les ossements des Saincts avec deux tables de marbre, dans l'une desquelles estoient escrits ces mots : HIC REQVIESCVNT MEMBRA SANCTI AC GLORIOSISSIMI GEORGIJ EPISCOPI, et en l'autre est escrit : HIC REQVIESCVNT MEMBRA SANCTI AC GLORIOSISSIMI HILARIJ PICTAVIENSIS EPISCOPI, et ayant fait ouverture de laditte caisse de bois y avons trouvé trois séparations distinguées par deux ais ; dans la première desquelles avons trouvé une des susdites tables de marbre avec la teste et plusieurs ossements de Sainct Georges évesque du Puy, et dans la seconde séparation avons trouvé l'autre table de marbre, avec le crâne et plusieurs ossements (1) de Sainct Hilaire évêsque de Poictiers, et en la troisième séparation avons trouvé partie des suaires dans lesquels les corps et ossements auraient esté anciennement inhumés, lesquelles reliques Nous avons transféré ce jourd'huy, trentième du mois de juillet mil six cent cinquante cinq, dans deux autres coffres de bois séparés, liés avec plusieurs barres de fer, et dans iceux mis et reposé les reliques de Sainct Georges évesque de Vellay et de Sainct Hilaire évesque de Poictiers, avec les susdites tables de marbre et charte dudit Pierre évêsque du Puy, dont nous avons laissé deux extraicts et coppies dehors, l'une dans les archives de nostre evesché, et l'autre dans celle de Sainct-Georges du Puy, pour servir à la postérité et ainsi qu'il est plus amplement

(1) En 1823, Mgr de Bouillé, évêque de Poitiers, obtint pour sa cathédrale une autre partie du chef de Saint-Hilaire, donnée par Mgr de Bonald évêque du Puy, puis cardinal archevêque de Lyon.

contenu au procès-verbal qui a esté par Nous fait. En foy de quoy Nous avons signé les présentes, fait contresigner par notre secrétaire et y apposer le sceau de nos armes, le jour et an que dessus. Henry évesque du Puy, comte de Vellay, par mondit seigneur.

J. Gérardin.

J'ai exhibé l'original et remis dans les archives de Sainct Georges.

Signé : Colomb, *syndic*.

CHAPITRE XV

La Basilique. — Le Chapitre. — Le Bourg de Saint-Hilaire-le-Grand

La chapelle que notre glorieux Saint avait lui-même élevée, dès 365, en l'honneur des deux héroïques martyrs dont il possédait les reliques, devint, nous l'avons vu, le lieu de sa sépulture, lieu célèbre, à l'égal des plus illustres sanctuaires du monde chrétien.

Saint-Jean-Saint-Paul. — Cette église, élevée sur le plan d'une basilique païenne, était en majeure partie, comme tous les édifices religieux d'alors, formée de bois et de briques (1). L'intérieur, orné de peintures à fresques et de colonnes de marbre veiné rouge, ne comportait point de voûte, mais seulement un plafond de bois doré. Au fond, l'autel s'élevait sur la confession même où reposait le corps saint. Ce caveau était pourvu, au côté nord, d'une ouverture par où l'on pouvait voir les tombeaux, sous leur voûte dorée que noircissait la fumée des cierges (2).

(1) Chanoine Auber. *Saints de l'Église de Poitiers*, p. 207 et *Histoire de la cathédrale ae Poitiers*, t. I, chapitre I.

(2) Chanoine Auber. *Bulletins des Antiquaires de l'Ouest*, t. VIII, p. 183.

Origines du monastère. — A côté de l'église, le saint fondateur avait construit une maison où il avait placé des prêtres chargés de l'entretien de son sépulcre (1). Ce petit collège de religieux fut le berceau de l'illustre Chapitre de Saint-Hilaire-le-Grand.

Ces religieux, dont les constitutions nous sont assez mal connues, avaient à leur tête un abbé, élu. Les premiers furent choisis parmi les disciples de Saint-Hilaire lui-même : Lienne, Gelais, Théomaste gouvernèrent d'abord le petit monastère (2).

Lorsque commencèrent les premières invasions barbares, Saint Agapit avait succédé à Saint Théomaste. Quand son église eut disparu, incendiée par des mains sacrilèges, il s'enfuit et se réfugia à douze lieues de la cité, dans la solitude de Vauclair, où il jeta les premiers germes de l'abbaye de Saint-Maixent.

Quand la tourmente fut un peu passée, Fridolin, serviteur passionné de Saint Hilaire, rassembla les moines dispersés et la vie monastique reprit dans les ruines de Saint-Jean-Saint-Paul.

Saint Pierre Damien, évêque d'Ostie, qui, en 1060, prononça le panégyrique du Saint Docteur, nous a transmis sur le gouvernement de Fridolin nombre d'intéressants renseignements.

« Si réduits qu'eussent été ces lieux, sanctifiés par tant de vertus et par la présence du corps saint, dont les malheurs de la guerre avaient forcé de perdre la trace, la régularité y était parfaite. L'étude et le travail y occupaient toutes les heures que ne réclamait point la prière, et cet ordre édifiant était dû aux soins du saint abbé dont

(1) Dom Estiennot.

(2) La *Gallia christiana* (t. II, col. 1223) donne le premier [illegible] Saint [illegible], le second à Saint Fridolin. Nous nous sommes [illegible] l'*Histoire manuscrite* du Chapitre de Saint-Hilaire par [illegible] Fonteneau (*Mss. de la bibl. de Poitiers*), t. X, et à celle de [illegible]

la vigilance y entretenait l'amour de la discipline et de la ferveur (1). »

Seconde Basilique. — Enfin, Dieu permit que le miracle qui avait accueilli Clovis à son arrivée devant les murs de Poitiers devint une source importante de revenus pour le monastère. Grâce aux dons du vainqueur, la basilique put être totalement reconstruite. Le roi témoigna sa reconnaissance au sauveur de son armée en enrichissant l'édifice de tout le luxe désirable.

A l'extérieur comme à l'intérieur, des mosaïques, au coloris éclatant, décoraient les murs et les portiques (2). La nef était entièrement ornée de peintures représentant la vie du saint patron.

La basilique possédait de plus des objets fort précieux,

(1) Abbé Auber. *Saints de l'Eglise de Poitiers*, p. 61. Migne, *Patrol. latine*, Paris, 1844.

(2) On a découvert, en 1855, deux fragments de ces mosaïques : En voici la description d'après M. de Longuemar (*Essai historique sur Saint-Hilaire le Grand*, *Mém. Ant. Ouest*, t. XXIII, (1re série), p. 67) : « Le premier fragment représente, sur un fond blanc et gris pâle, un « lacis de rameaux noirs et gris foncé, qui supportent çà et là dans « leurs méandres des croix et des raisins grossièrement figurés en noir « et en rouge brique ; il reste même sur un des coins de ce fragment « la partie inférieure du corps d'une perdrix. Il a suffi pour l'exécution « de cette mosaïque de cubes blancs, gris pâle, gris foncé, noirs et « rouges-brique.

« L'autre mosaïque est beaucoup plus compliquée : elle paraît com- « posée d'une espèce de natte de plusieurs couleurs sur laquelle ve- « naient s'appuyer une suite de médaillons dont le champ était rempli « par des oiseaux fantastiques, à en juger du moins par celui qui « nous reste. Aux cubes employés dans la précédente, cette mosaïque « réunit en outre des cubes d'émail vert émeraude, bleu lapis, or et « argent.

« Il nous semble donc que la matière et le dessin de ces mosaïques « les rapportent à deux époques différentes ; pour nous celle de droite « (la première) serait la plus ancienne, comme étant plus rapprochée « de l'ornementation des catacombes et nous les comprendrions vo- « lontiers l'une et l'autre entre le VIe et le IXe siècle. »

entre autres un vase de porphyre servant de baptistère, un aigle de cuivre, œuvre de Saint Eloi, et deux splendides portes de bronze (1).

Privilèges. — Les successeurs de Clovis continuèrent de garder un profond respect pour le Saint qui avait protégé si ouvertement leur dynastie au berceau. Ils accordèrent au monastère un grand nombre de privilèges. Le plus important était l'exemption de tous les impôts : la basilique avait de plus le droit d'asile.

Le droit d'asile. — L'autorité civile s'arrêtait devant la porte de l'église, qui protégeait ainsi le faible et l'opprimé, mais hélas ! souvent aussi le coupable.

Quelques exemples tirés de l'histoire de Saint Hilaire nous en fourniront la preuve.

Leudaste, fils d'un serf de l'île de Ré et serf lui-même, après s'être élevé, avec la protection de la reine Markowèfe, à la position de comte des écuries royales, devint, après avoir corrompu le roi Charibert, comte de la cité de Tours. D'abord humble et soumis avec l'évêque Grégoire, quand enfin il eut vu son pouvoir consolidé, il se laissa aller à toute la violence de son caractère. Il en vint même à s'emparer des biens de l'Eglise. Alors Grégoire, qui lui avait jusque là pardonné ses injures et même ses coups, n'hésita pas à le dénoncer au roi Chilpéric qui fit déchoir Leudaste de ses fonctions. Furieux, celui-ci accusa hautement d'adultère la reine Frédégonde, tout en rejetant la responsabilité de ses propos sur l'évêque de Tours. Celui-ci réussit cependant à se

(1) Tous ces objets auraient été enlevés avec le corps de Saint Hilaire et transportés à l'abbaye de Saint-Denis par Dagobert Ier, apres la destruction complète de Poitiers (grandes chroniques).

La fausseté de cette destruction a été savamment démontrée par M. Nicias Gaillard, dans le tome Ier des *Bulletins de la Société des Antiquaires de l'Ouest* (année 1836).

disculper de cette accusation mensongère, dont tout le poids retomba sur le seul Leudaste, qui put s'enfuir et gagner en hâte la basilique de Saint Hilaire.

« Il semble (1) que le voisinage du monastère de Radé-
« gonde et que le caractère même de cette femme si
« douce et si vénérée aient répandu alors sur l'Eglise de
« Poitiers un esprit d'indulgence qui la distinguait entre
« toutes les autres. C'est du moins la seule explication
« possible de l'accueil charitable qu'un homme à la fois
« proscrit et excommunié trouva au sein de cette Eglise,
« après avoir vu se fermer devant lui l'asile de Saint
« Martin de Tours et les basiliques de Paris. La joie
« d'être à la fin en pleine sûreté, fut grande pour Leu-
« daste, mais elle passa vite ; et bientôt il n'éprouva plus
« qu'un sentiment insupportable pour sa vanité, l'humi-
« liation d'être l'un des plus pauvres parmi ceux qui
« partageaient avec lui l'asile de Saint Hilaire. Pour s'y
« dérober et pour satisfaire ses goûts invétérés de sen-
« sualité et de débauche, il organisa en bande de voleurs,
« les plus scélérats et les plus déterminés d'entre ses
« compagnons de refuge. Lorsque la police de la ville
« devenait moins forte ou moins vigilante, l'ex-comte de
« Tours, averti par des espions, sortait de la basilique
« de Saint-Hilaire, à la tête de sa troupe, et, courant à
« quelque maison qu'on lui avait signalée comme riche,
« il y enlevait par effraction, l'argent et la vaisselle de
« prix, ou rançonnait à merci le propriétaire épouvanté.
« Chargés de butin, les bandits rentraient aussitôt dans
« l'enceinte de la basilique où ils faisaient leur partage ;
« puis mangeaient et buvaient ensemble, se querellaient
« ou jouaient aux dés.

« Souvent le saint asile devenait le théâtre de dé-
« sordres encore plus honteux ; Leudaste y attirait des

(1) Augustin Thierry, *Récits des temps mérovingiens*, édition Didot, t. II, p. 196.

« femmes de mauvaise vie, dont quelques-unes, mariées, « furent surprises avec lui en adultère sous les portiques « du parvis. Soit qu'au bruit de ces scandales, un ordre « parti de la cour de Soissons eut prescrit l'exécution « rigoureuse de la sentence prononcée à Braîne, soit que « Radégonde elle-même, outrée de tant de profanations, « eut demandé l'éloignement de Leudaste, il fut chassé « de l'asile de Saint Hilaire comme indigne de toute « pitié. »

Leudaste périt bientôt sous le poignard assassin des soldats de Frédégonde.

Des désordres non moins regrettables éclatèrent quand, à la mort de la pieuse Agnès, le monastère de Sainte Radégonde eut élu comme abbesse Leubovère. Deux francques Chrodielde et Basine, jalouses de ce choix, s'échappèrent de l'enceinte où elles avaient vécu jusqu'alors et, accompagnées d'un grand nombre de religieuses, se réfugièrent (1) dans la basilique de Saint Hilaire, au milieu d'une foule de débauchés qui s'organisèrent en bande et exercèrent par toute la ville le brigandage le plus odieux. Vainement un synode d'évêques se rendit au sanctuaire profané et, par de sages paroles, chercha à faire revenir à leur devoir les religieuses égarées. Tout fut inutile. L'évêque de Bordeaux Gondégésile alla même jusqu'à prononcer contre elles et contre leurs complices, l'anathème et l'excommunication. Cela ne servit qu'à aviver leur colère et celle de leurs compagnons, qui, s'élançant hors de la basilique, se mirent à la poursuite des pontifes terrorisés, les frappant et les renversant sans pitié.

L'évêque de Poitiers Mérovée essaya autrement : il chargea Porchaire, abbé de la basilique, de la tâche dif-

(1) Après avoir été à Tours, d'où Chrodielde alla demander secours au roi Gonthram.

ficile où ils avaient échoués. Porchaire ne réussit pas mieux que les autres. Chrodielde de plus en plus excitée, s'empara alors du monastère qu'elle avait quitté et fit prisonnière Leubovère, sa rivale.

« Quelles paroles, s'écrie le saint évêque Grégoire, quelles paroles pourront jamais donner l'idée de tant de blessures, de tant de meurtres, de tant d'horreurs. Il n'y a point de jour sans homicides, d'heure sans disputes, d'instant sans larmes ! »

Il fallait décidément sévir. Le comte Maccon, gouverneur de Poitiers, se porta avec ses troupes vers la basilique aux portes de laquelle il trouva les partisans de Chrodielde en posture de défense. Le combat s'engagea bientôt. Au bout de quelques instants le comte entrait triomphant dans l'église, dont les autels dépouillés étaient teints du sang des blessés et des morts (1).

Par bonheur de telles scènes ne se produisirent que rarement, et l'asile servit maintes fois aussi à l'innocence opprimée : telle (2) Radégonde, la douce et pieuse reine de France, s'enfuyant éperdue, terrifiée, loin des meurtres de la Cour, vient demander à Saint Hilaire, en même temps qu'un abri contre le tyran qui l'opprime, la force pour lutter contre les horreurs du siècle.

Ecoles. — A cette époque de foi barbare et d'ignorance générale, le monastère de Saint-Hilaire donnait asile aux lettres, dans une école extrêmement florissante sous la direction du moine Ausfrède : Saint Léger, l'il-

(1) Basine rentra dans le monastère après que Leubovère, reconnue innocente des crimes dont l'accusait Chrodielde, en eut repris le gouvernement. Quant à cette dernière, elle se retira à la campagne, près de Poitiers, dans une des maisons de Waddon.

(2) « Elle [Radégonde] passa de Tours à Poitiers et de l'asile de Saint-Martin dans l'asile *non moins révéré* de Saint-Hilaire » (Aug. Thierry, *loc. cit.*)

lustre évêque d'Autun, Saint Achard, abbé de Jumièges (1), Saint Bercaire, abbé de Moutier-en-Der (2), Saint Emmeran (3) apôtre de la Bavière et martyr, apprirent sans doute là à devenir des Saints.

Les Musulmans. — Cette prospérité allait soudainement s'arrêter dans un incendie allumé par les adeptes d'une religion nouvelle jusque-là victorieuse. En 732, les Sarrazins qui avaient entrepris de conquérir le monde au croissant de Mahomet, arrivèrent aux portes de Poitiers. La basilique de Saint-Hilaire n'arrêta pas leur élan invincible. Elle fut pillée, puis brûlée. Mais ce dernier butin ne porta pas bonheur au conquérant. A quelques lieues de là, dans les champs de Moussais, il allait tomber sous les coups du martel de Charles.

Les dons des pèlerins permirent de réparer bien vite le Moustier qui obtint, en 768, un diplôme de Pepin-le-Bref reconnaissant tous les droits jusque-là accordés par les rois Francs.

Les Normands. — Mais un péril plus redoutable encore que le péril sarrazin, menaçait la basilique restaurée. Elle allait tomber encore une fois sous les coups des barbares. Les farouches Danois qui avaient déjà commencé à écumer les embouchures des fleuves, pénétrèrent plus avant dans les campagnes. Bordeaux, Saintes et Poitiers deviennent le théâtre de leurs meurtres sanglants et les clercs de Saint Hilaire n'ont qu'un parti à prendre : fuir et emporter dans leur triste pèlerinage le

(1) Saint-Achard, né à Poitiers en 623, réforma d'abord le monastère de Saint-Benoit-de-Quinçay. Il mourut abbé de Jumièges en 687.

(2) Saint-Bercaire, né à Dissay (Vienne), abbé de Moutier en Der au diocèse de Langres. Abbé Andrault : *Saint Bercaire*, Poitiers, 1898.

(3) Saint-Emmeran fut longtemps considéré comme évêque de Poitiers.

corps sacré dont ils ont la garde. Ils se retirèrent, nous l'avons vu, dans la cité du Puy vers l'an 878.

Reconstruction de la basilique. — Mais la basilique ainsi abandonnée devait sortir de ses ruines, plus brillante et plus splendide que jamais : Adèle d'Angleterre, épouse d'Ebles-le-Manzer, duc d'Aquitaine, émue justement d'un tel désastre, confia au Saxon Coorland la reconstruction du saint monument. Coorland se mit à l'œuvre. Malheureusement les troubles sanglants qui encombrent cette période de l'histoire interrompirent ses travaux. La nouvelle église, couverte encore d'un plafond de bois, ne comportait que deux rangs de piliers. Mais quand Agnès de Bourgogne, épouse du duc Guillaume V d'Aquitaine, eut repris les constructions abandonnées, elle édifia une voûte, formée de six coupoles octogonales. Pour contrebalancer leur poussée, on dut ajouter quatre rangs de colonnes formant bas-côtés et, bientôt, dans sa splendeur, la basilique apparut avec ses sept nefs, disposition unique en France (1).

Le 1er novembre 1049, treize archevêques et évêques, réunis dans l'église Saint-Hilaire, lui donnaient une solennelle consécration.

Pendant que la basilique s'enrichissait ainsi, le monastère, transformé, prenait, lui aussi une croissante importance.

(1) Telle est du moins l'opinion commune, opinion admise par M. de Longuemar (*Essai hist. sur Saint-Hilaire le Grand*), M. de Chergé, (*Guide de Poitiers*, 1re éd., p. 218), M. de la Bouralière (*Saint-Hilaire le Grand*, p. 22). Cependant un éminent archéologue, M. A. Richard, archiviste de la Vienne, a une opinion différente, exposée par lui dans une lettre publiée par M. de la Bouralière, à la fin de son ouvrage (*loc. cit.*, p. 31). « Ce document nouveau, dit M. de la Bouralière, faisant vivre Coorland plus de cent ans plus tard et lui attribuant l'honneur de l'exécution totale du monument, arrive à conclure que Saint-Hilaire fut conçu et exécuté pendant le XIe siècle, suivant un plan fidèlement suivi jusqu'à son achèvement complet. » Nous ne pouvons entrer ici dans les détails de cette question purement érudite.

Transformation du monastère. — Durant la tourmente, Ranulphe, comte de Poitou, s'était emparé du titre d'abbé de Saint-Hilaire et des revenus du monastère. Bientôt la dignité abbatiale passa dans la famille ducale d'Aquitaine, puis devint inhérente à la couronne de France (1).

Mais, sous les menaces de l'invasion, le monastère avait été abandonné. Lorsqu'on songea à le repeupler, on ne s'adressa plus à des moines, mais à des chanoines réguliers. L'abbaye devint le chapitre de Saint-Hilaire-le-Grand.

Formé de trente membres, vivant en communauté, il était sous la direction du trésorier, chef réel de la communauté, véritable évêque, officiant avec la mitre et les gants.

« Un simple coup d'œil jeté sur la longue liste chrono-
« logique des trésoriers de Saint-Hilaire, apprend en
« quel honneur était tenue cette haute dignité du Cha-
« pitre.

« Ce sont des évêques, des archevêques, des cardinaux,
« des légats du Saint-Siège, des fils des comtes du Poi-
« tou, des comtes du Piémont ou de grands seigneurs
« portant les noms illustres de vicomtes de Thouars, de
« Parthenay, d'Estampes, de Beauveau, de Gouffier, de
« Montreuil, de Béthune, d'Armagnac ; des conseillers
« au parlement, des membres de l'Académie, de savants
« docteurs en Sorbonne ambitionnent également ce titre
« et les fonctions qui s'y rattachent (2). »

(1) « Lorsque les comtes de Poitiers se faisaient installer abbés de Saint-Hilaire, l'archevêque de Bordeaux et l'évêque de Poitiers mettaient entre leurs mains une lance et un étendard. Ce cérémonial fut pratiqué à l'égard de Richard-Cœur-de-Lion. C'étaient, il faut l'avouer, des insignes fort peu abbatiaux, mais ils suffisaient bien à un abbé plus accoutumé aux joutes des tournois et des camps, qu'à la récitation des heures canoniales. C'était, par compensation peut-être, que la bannière de Saint-Hilaire servait d'étendard à la ville de Poitiers. »

De Chergé (*Guide du voy. à Poitiers*, 1re éd., p. 215).

(2) De Longuemar, *Essai historique sur Saint-Hilaire le Grand*, p. 88

Puis, viennent les doyens, sous-doyens, chantres, sous-chantres, maîtres-école et maîtres de la psallette, cellériers, sénéchaux, chanceliers ou notaires, prévôts, juges, archivistes, chévecciers, chapelains, coustres ou sacristains, etc., etc.

Origine de la ville de Saint-Hilaire. — Autour du monastère se forma bien vite un bourg indépendant, distinct de la cité de Poitiers. Ce bourg fut, en 942, enfermé de murs par Ebles, évêque de Limoges, fils puîné d'Ebles-le-Manzer (1).

Cette ville qui, au XIe siècle, contenait cinq églises, un hôpital, plusieurs oratoires, s'accrut bien vite et devint une partie des plus importantes de la cité.

Privilèges et immunités. — Les descendants d'Hugues Capet honorèrent eux aussi Saint Hilaire, en accordant à son église de nouveaux privilèges et en ratifiant ceux déjà accordés. Le Chapitre eut désormais le droit de moyenne, haute et basse justice, dans son bourg, avec autorisation de tenir les assises judiciaires une fois par semaine. On lui accorda de plus le droit de réunir deux foires par mois et un marché par semaine dans ce même bourg. Louis XI, par respect pour les précieuses reliques de Saint Hilaire, défendit que les criminels passassent sur toute son étendue.

Les pontifes suprêmes se plurent aussi à étendre les immunités de la basilique : dès 1074, ils la mettaient sous leur sauvegarde et sous leur protection immédiate (2). Plus tard ils lui donnaient l'autorisation d'excommunier

(1) Quand les murs de Poitiers eurent englobé le bourg, le chapitre marqua les limites de sa juridiction au moyen de bornes sculptées. En 1789 les trois paroisses du bourg desservaient environ 2.000 communiants.

(2) *Ecclesiam beati Hilarii Pictaviensis ad Romanam eclesiam Enullo medio pertinens.*

ses agresseurs, tout en exemptant les églises (1) qui dépendaient d'elle, de quelque excommunication que ce fut. Ils lui laissaient, de sa propre autorité, supprimer des paroisses, réconcilier églises et cimetières, droits uniquement reconnus aux évêques. Ils lui accordaient les mêmes indulgences qu'à Saint-Pierre, Saint-Paul-hors-les-murs et Saint-Jean-de-Latran de Rome. Ils créaient, spécialement pour elle, huit prêtres, correspondants aux grands pénitenciers romains.

Les princes, les grands seigneurs, le roi (2) lui-même, lorsqu'ils mettent le pied sur les terres de Saint-Hilaire, doivent jurer de respecter ses privilèges (3).

Trésor. — Joignez à cela l'évaluation de son immense trésor, et vous aurez une idée de l'importance du rôle qu'a joué, à travers les âges, le chapitre royal de Saint-Hilaire-le-Grand.

« *Aux jours de fêtes*, disent les chroniqueurs du temps, *c'estoit chose merveilleuse et admirable à voir.* »

Sa splendide église brille d'un luxe sans pareil. Sur ses autels aux riches parements, étincellent les reliquaires d'or et d'argent qui renferment les cendres des Saints Apôtres Pierre, Jean et Barthelemy, des courageux martyrs Laurent et Omer, de Monseigneur Saint Hilaire et de Monseigneur Saint Martin, des pieuses vierges Ursule, Abre, Florence et Triaise, des glorieux confesseurs Fortunat, Gelais, Porchaire, Ithier et Frido-

(1) Cent églises pour le moins, tant de France que d'Angleterre dépendaient de la Collégiale : 25 cures étaient à sa nomination.

(2) Le roi jurait en ces termes sur les saints évangiles. « *Ego N. « abbas ecclesiæ beati Hilarii, juro et promitto fidelitatem ecclesiæ prædictæ et personis ejusdem me observaturum. Item observabo et deffendam jura et libertates ecclesiæ. Item non occupabo per me nec per alios bona prædictæ ecclesiæ authoritate propria.* »

(3) Il en était de même pour l'évêque de Poitiers lorsqu'il entrait dans le bourg. On lui liait les mains avec un ruban violet.

lin, des parcelles des reliques de la Passion, tirées du trésor de la Sainte Chapelle, dons du magnanime Jean de Berry. Partout les draperies les plus magnifiques couvrent la nudité des murs. Les tapis les plus précieux cachent le sol.

Dans les armoires bardées de fer de la sacristie dorment les croix processionnelles d'argent, enchâssées de pierreries, les calices, bénitiers, encensoirs, custodes de vermeil et d'argent, les évangéliaires et les missels aux couvertures lamées d'or et enrichies de pierres précieuses, les chapes et les chasubles, les riches étoffes couvertes de broderies, les draps d'autel ornés de riches dessins.

Une partie de ces immenses revenus (1) était consacrée aux pauvres : le Chapitre entretenait plus de cent indigents de ses charités journalières et les pauvres voyageurs recevaient accueil dans l'hôpital Saint-Antoine créé spécialement pour eux.

Bibliothèque et psallette. — Les chanoines ne négligeaient pas non plus les lettres (2). Leur riche bibliothèque était le rendez-vous des lettrés du monde entier. Leur école continuait de briller d'un vif éclat ainsi que leur psallette renommée par toute la France (3).

Rappelons enfin que c'est dans une maison canoniale de Saint-Hilaire que fut installée la première presse poitevine, la cinquième de France, dès l'an 1479 (4).

(1) Les revenus de la collégiale étaient en 1790 d'environ 125.000 livres et le peuple de Poitiers nommait MM. de Saint-Hilaire, le « *Chapitre des Riches* ».

(2) Le trésorier de Saint-Hilaire-le-Grand avait été déclaré par le pape Eugène IV, en 1431, chancelier à perpétuité de l'Université de Poitiers.

(3) En 1550, le roi de Navarre faisait demander 3 choristes de Saint-Hilaire pour sa chapelle. En 1560, c'était François II qui en faisait venir à Blois pour ses frères.

(4) Le chanoine qui a ainsi été le « parrain » de l'imprimerie Poite-

Un jour suffit à anéantir pour jamais tant de richesses accumulées depuis des siècles. Le Chapitre, endormi par sa longue prospérité, fut une proie facile.

Pillage des protestants. — Le 26 mai 1562, date à jamais fatale, une bande de forcenés envahit la paisible retraite de Saint-Hilaire et le pillage commença horrible, indescriptible.

« Au milieu du sifflement des flammes, du craquement « des charpentes, du fracas de leur écroulement, des « hurlements sauvages, des grincements des leviers sur « la pierre des tombeaux (1) violés, du choc des mar- « teaux sur les statues des Saints et sur les riches sculp- « tures de la chaire et des stalles du chœur — tous bruits « cent fois répercutés par les retentissants échos des « voûtes du sanctuaire — on entendit bientôt un sourd « roulement de roues et de gémissements d'essieux, sem- « blant se plaindre sous leurs lourds chargements.

« Des démons bardés de fer et tout rouges du miroi- « tement des flammes sur le luisant métal de leurs ar- « mures s'étaient rués sur la noble église dont ils avaient « forcé les portes en s'aidant du fer et du feu. Ils se mul- « tipliaient comme des chiens à la curée partout où les « portait leur cupidité, brisant les coffres, les armoires, « y puisant à pleines mains et semant les richesses du « trésor sur les dalles retentissantes. Puis ils revenaient « en toute hâte, courant avec des gestes frénétiques et « des railleries sacrilèges vers les chariots où ils jetaient, « pêle-mêle, sans souci de les briser, des merveilles d'art,

vine, avait nom B. de la Brosse. Grand chantre du Chapitre, ambassadeur de Louis XI près des seigneurs de la Haute-Ligue d'Allemagne, il mourut en 1482. Voy. A. Claudin : *Origine et début de l'imprimerie à Poitiers.*

(1) La basilique renfermait un grand nombre de tombeaux d'illustres personnages, et entre autres, ceux de Saint Fortunat, de Saint Fridolin, de Gilbert de la Porée, de Patricius, comte de Salesbury, etc.

« vases sacrés, ostensoirs, reliquaires, chapes et cha-
« subles brodées d'or, côte à côte avec de grossières dé-
« pouilles, telles que l'airain des cloches et les rouleaux
« de plomb arrachés aux toitures (1).................

Là ne devaient pas s'arrêter les maux causés à la collégiale par les guerres civiles. En 1569, Poitiers fut de nouveau assiégé par l'amiral Coligny. Le Chapitre prit des mesures de défense. Des canons furent placés par lui sur toute l'étendue du bourg et sur les terrasses des cloîtres. Leurs détonations ébranlèrent tellement l'édifice que le clocher s'écroula en 1591, entraînant avec lui les voûtes de la basilique. Le mal fut presque aussitôt réparé et la tranquillité régna de nouveau, pour un temps, dans le vénéré sanctuaire.

La Révolution. — La prospérité renaissait dans le monastère. Les chanoines exécutaient de nouvelles réparations, à la mode du jour, dans leur église, quand éclata la Révolution.

De tous les périls traversés jusque-là par l'illustre collégiale, celui-là allait être le plus terrible : elle allait y sombrer, corps et biens.

Dès le 30 mars 1790, les chanoines avaient adressé une humble supplique à l'assemblée nationale, supplique qu'appuyait le corps municipal de Poitiers tout entier (2).

(1) *Le carrefour de la maison des Trois-Girouettes*, roman de M. Levieil de la Marsonnière, Oudin, 1882.

(2) A Nosseigneurs de l'Assemblée Nationale,

Poitiers, 30 mars 1790

Nosseigneurs,

Si, dans les suppressions que les besoins de la patrie ont pu rendre nécessaires, il est des établissements exceptés, votre respect pour la religion, votre attachement pour le Roi, votre bienfaisance pour le peuple, sont autant de motifs qui donnent au Chapitre de Saint-Hilaire le Grand l'espoir d'être du nombre. Il n'est peut-être point en France de plus illustre monument de la piété de nos pères. Le défenseur de le foi catholique contre les ariens, le fléau des ennemis de l'Église, le

Mais hélas, les délégués de la nation n'écoutèrent point cette requête. Le Chapitre dut se disperser, au grand

soutien des fidèles dans les persécutions, le plus grand de nos évêques le maître et l'instituteur de Martin, Hilaire, dont le nom n'eut pas moins de célébrité dans tous l'Univers chrétien qu'il n'en eut dans les Gaules, en fut le fondateur avant l'établissement de la monarchie françoise..... Oui, Nosseigneurs, vous partagerez notre reconnaissance pour le précieux avantage dont nous lui sommes redevables, et votre juste discernement en faisant éclater vos sentiments religieux, fournira encore une nouvelle preuve de votre attachement pour le Roi.

Ce pieux monarque est le protecteur spécial de l'église de Saint-Hilaire ; il n'ignore pas que Clovis n'attribua jamais qu'à ses prières sa victoire sur Alaric. Il sait que depuis cette époque ses prédécesseurs, tant des premières races que de la dynastie régnante, ont à l'envie signalé lenr bienveillance pour cette fondation.....

De quelle utilité n'a point été et n'est point encore pour la ville de Poitiers le Chapitre de Saint Hilaire ? Elle doit à son établissement plus d'un tiers de son existence. Cette partie, maintenant des plus belles, n'était avant lui qu'un aride et vaste désert. Elle ne s'est successivement peuplée que par les agréments, l'aisance et la consommation qu'y procurait le séjour des chanoines. Un établissement de charité qui fut aussi leur ouvrage, attira sur leur territoire grand nombre d'habitants. Ce monument de la piété de nos prédécesseurs subsiste de nos jours, sous la direction d'un membre de cette antique Société, qui attend encore de ses concitoyens le consolant et glorieux témoignage que nul autre corps ne pourvoit avec plus d'abondance aux besoins des indigents. Quel deuil ne causerait pas parmi eux notre suppression.

Vos décrets nous fussent-ils contraires, ils trouveront toujours en nous des prédicateurs et des modèles de la soumission qu'on leur doit... Tels sont, Nosseigneurs, les principaux motifs dont la vérité, attestée par les honorables membres de notre municipalité et soutenue de leurs instances, nous fait espérer que nos représentations seront favorablement accueillies.

Nous sommes, avec profond respect, Nosseigneurs, vos très humbles et très obéissants serviteurs, les trésorier, doyen, chantre, chanoine et chapitre de la Royale et insigne église de Saint-Hilaire-le-Grand.

Pour le chapitre :

DUTRÉHANT, trésorier et chancelier, — né de l'Université. — LEROUX, doyen. — TOURNEPORTE, chantre. — BARDEAU, sous doyen. — BRUNEAU, maître-école. — DE LA SAYETTE, chanoine et sous chantre — DELHOMME, chan. — BASSET, chan. — CONSTANT, chan. — SOULLARD, chan. — PALLU, chan. — VANDIER, chan — DANCEL DE BRUNEVAL, chan. — GUILHOMOT, chan. — MARSAULT, chan. — NEPVEUX, chan. — RENAUD, chan. — LAURENCEAU, chan. — DE LAVAULT, chan. — BENOIST, chan. — BOYARD, chan. — TRIBERT, chan. — NICOLAS, chan. — DE PUYGINONNEAU, chan. — BREMANT, chan. — LANDERNEAU, chan. — DE BOSQUEVERT, chan. — MONTAZEAU, chan. — BERNARD, chan.

A Poitiers, ce 30 mars 1790.

désespoir des malheureux qui perdaient avec lui tout moyen d'existence.

Son magnifique doyenné, chef-d'œuvre de la Renaissance, devint, au mépris des droits les plus sacrés, propriété de la nation.

Et l'église, l'antique et noble basilique qu'avaient visitée tant de Saints, tant d'illustres personnages, tant de pauvres pèlerins venus de tous les points de l'Europe, qu'avaient illustrée tant de Conciles, elle devint d'abord une église paroissiale, puis plus tard, ô profanation ! une écurie ouverte à tous venants.

Plus tard encore, en 1799, vendue nationalement, pour 1.900 francs, au citoyen Roy, dit Cassandre, elle allait être totalement détruite, quand par un hasard miraculeux, celui-ci ne put payer le prix de son adjudication.

Ce qui restait du précieux monument fut donc laissé dans ce même état de ruine, jusqu'en l'année 1804, époque où il fut concédé à l'évêché de Poitiers par un décret de Napoléon (1).

Réparations. — A partir de ce moment, les réparations ne s'arrêteront pas dans l'antique église jusqu'à ce que le peuple poitevin, fidèle à son grand docteur, ait réussi à rétablir sur leur antique base les pierres du sanctuaire, un instant dispersées.

Les premières restaurations ne firent guère que mutiler la belle ordonnance du monument. L'argent manquait et une forte somme était nécessaire pour élever les constructions nouvelles sur le plan primitif. On réduisit l'église à la moitié d'elle-même, on retrancha deux bas

(1) Devenu propriété de l'État (17 messidor an VII) le doyenné de Saint-Hilaire fut mis par les domaines à la disposition du ministre de la guerre. En 1816 il devint la propriété de missionnaires diocésains qui l'abandonnèrent, en 1830, aux ouvriers militaires. Depuis 1834, sauvé de la destruction, il est devenu l'école normale primaire de la Vienne.

côtés, on éleva une nouvelle façade d'un goût douteux et c'est là que s'arrêtèrent les premiers restaurateurs.

Mais le grand nom d'Hilaire était un sûr garant pour l'avenir. En 1847, puis en 1853 et dans les années suivantes, avec diverses allocations des ministères, de la ville de Poitiers et avec les dons généreux des fidèles, les travaux rendirent au tronçon mutilé qui, seul, subsistait encore, une partie de son ancien aspect.

Là ne devait pas s'arrêter cette tardive résurrection. Une pensée hantait le cerveau des catholiques poitevins : rendre au temple d'Hilaire une partie de son étendue et de sa splendeur ancienne.

La basilique retrouve son ancienne splendeur. — Monseigneur Pie, de glorieuse et toujours vénérable mémoire, saisit cette idée avec avidité et ouvrit une souscription. Le ministre de la maison de l'empereur promit 100.000 francs, celui des cultes 30.000, la ville de Poitiers 25.000. Après devis de M. Jolly-Leterme, les travaux furent confiés à M. Ferrand, architecte diocésain, et la 1re pierre posée le 5 avril 1870, par M. Samoyault, vicaire général. On se mit à l'œuvre avec ardeur et le 2 mai 1875, malgré un arrêt durant l'année néfaste, la basilique retrouvait une partie de la magnificence que lui avaient donnée les architectes du XIe siècle.

Telle est la merveilleuse histoire du temple d'Hilaire, comme l'Eglise, parfois abattu mais toujours renaissant !

CHAPITRE XVI

Les Pèlerinages au Tombeau de Saint Hilaire

Aux jours anciens de la loi mosaïque, les Juifs avaient la coutume de se rendre, chaque année, faire leurs dévotions à l'édifice saint, au temple qui renfermait les tables sacrées, données jadis par l'Eternel lui-même sur les hauteurs du Sinaï.

Plus tard, les chrétiens reprirent cette habitude pieuse et vinrent désormais, en grand nombre, au pied des tombeaux des Apôtres, des Martyrs et des Saints (1). Rome, Saint-Jacques de Compostelle, Jérusalem devinrent bientôt le rendez-vous des pèlerins du monde entier.

La vénération qu'on avait eue pour notre glorieux pontife, durant sa vie mortelle, le récit partout répété des prodiges accomplis par son intercession, amenèrent à son tombeau, procession interminable, la cohorte glorieuse des Rois, des Papes et des Saints.

A côté de ces noms éclatants, dans l'ombre de l'oubli, toute une foule pieuse d'artisans ou de moines se rencontre aux pieds du Saint qu'ils implorent, comme jadis les paysans du Poitou entourant leur évêque, lui demandaient et sa bénédiction et ses miracles.

(1) Les pèlerinages ne commencèrent guère qu'à l'avènement de Constantin.

Il vint même un temps où les pèlerins de Compostelle prirent l'habitude de s'arrêter à Saint Martin de Tours, à Saint Hilaire de Poitiers, si bien que ces deux sanctuaires privilégiés finirent par faire partie intégrante du voyage (1).

Les Rois. — Successeurs de Clovis, Mérovingiens, Carolingiens, Capétiens, les rois de France, se souvinrent qu'ils étaient les débiteurs de Saint Hilaire, et, dans leur carrière, la plupart se firent un honneur de venir remercier en son temple celui qu'ils considéraient comme le protecteur le plus certain du trône de France.

Le premier de tous fut Clovis. A son retour de l'expédition Wisigothe, après s'être emparé du trésor royal, le vainqueur d'Alaric, revint certainement à Poitiers, s'agenouiller dans la basilique en construction et remercier le céleste auxiliaire qui avait donné à ses armes une éclatante victoire.

Puis vinrent, en 768, Pepin-le-Bref qui signa des lettres de protection pour le monastère, et en 840, le faible fils du Grand Charles, Louis le pieux, qui passa à Poitiers les fêtes de Noël.

En 841, 892, 942, ce sont Charles le Chauve, Eudes et Louis d'Outremer.

Ce dernier rejeton de la dynastie impériale reçut même une preuve de l'affection de Saint Hilaire. C'était en 955. Le comte de Paris, Hugues, jaloux de la protection que Louis avait reçu du duc d'Aquitaine, dans la cité de Poitiers, vint assiéger cette dernière ville. Il allait l'investir, lorsque « la foudre du ciel par le mystérieux pouvoir de « Saint Hilaire jeta dans le camp ennemi la terreur et le « découragement (2). » Les Parisiens s'enfuirent, éperdus.

(1) Cf. *Codex de Saint-Jacques de Compostelle*, par Aymeri Picaud, prêtre du XIIe siècle. Extraits de ce livre par le R. P. Fita. Paris, Maisonneuve, 1882.

(2) Guérinière, *Histoire du Poitou*, tome I, p. 280.

Le XIe siècle amena dans les murs de la collégiale, Phi-[illegible]ppe Ier. Après lui, les rois engagés dans des guerres [illegible]cessantes avec les rois d'Angleterre négligèrent un peu [illegible]ccomplir leur pieux devoir.

Un miracle se chargea de le leur rappeler.

C'était en 1202. Le Poitou était en guerre avec Jean [illegible] Terre, roi d'Angleterre et duc d'Aquitaine. Le pays [illegible] Poitou était alors rempli de gens d'armes, les uns [illegible]glais, combattant pour Jean sans Terre, les autres [illegible]nçais tenant pour Arthur neveu du roi Jean.

La ville de Poitiers, alors, avait le renom d'être im-[illegible]ble. Elle avait fermé ses portes aux troupes An-[illegible] qui étaient venues pour s'en emparer, et Jean sans [illegible] prit ses dispositions pour l'assiéger.

[illegible] maire de Poitiers avait un secrétaire, ou plutôt [illegible], suivant la dénomination du temps, qui se laissa [illegible]ire par les Anglais et leur promit de leur livrer la [illegible] moyennant une somme de « mille livres de mon-[illegible] France. » La trahison devait s'accomplir le jour [illegible]ques, à l'heure où tous les habitants seraient à la [illegible]

[illegible] nuit venue, une troupe de soldats ennemis put [illegible], à la faveur de fausses enseignes, sans avoir [illegible], jusqu'à la porte de la Tranchée qui était alors [illegible] peu plus à droite, juste en face de la rue Sainte [illegible] on en voit encore les deux tours — et attendit, [illegible] sans impatience, car le clerc était long à venir, [illegible] qu'il s'était passé quelque chose d'extraordi-[illegible]plicable même.

[illegible] savait que, chaque soir, le maire plaçait der[illegible] chevet, avant de se coucher, les clefs de la [illegible] Tranchée. Quand il le crut endormi, il entra, [illegible] dans sa chambre, mais il eut beau chercher, [illegible] chevet du lit, puis dans tous les coins de la [illegible] partout, du haut en bas de la maison, il [illegible] ce qu'il cherchait.

« Ne sachant que faire, le traître courut aux remparts et avertit les Anglais qu'il ne pourrait leur livrer les clefs que vers quatre heures du matin.

« Puis, retournant chez le maire, il le réveilla à l'heure fixée la veille.

« — Qu'y a-t-il, dit le brave homme, en se frottant les yeux encore gros de sommeil ?

« — Je viens quérir les clefs, dit le clerc, pour un gentilhomme qui veut aller vers le roi Philippe.

« Le maire, sans défiance, se leva aussitôt pour prendre les clefs qu'il avait mises la veille au soir sous son chevet ; mais ne les trouvant pas, il se demanda s'il n'y avait pas là quelque trahison et fut pris d'une « grande frayeur ». Il fit donner l'alarme et courut avec plusieurs habitants qui accourent en armes. Mais, quand ils furent près des murailles, grand fut leur étonnement en voyant à travers les créneaux « plus de mille et cinq-cents Anglais morts et couchés par terre et les autres qui se tuaient. »

« Ils ouvrirent les portes et se précipitèrent sur les combattants dont ils firent le plus grand nombre prisonniers. Ceux-ci déclarèrent au maire que, à 4 heures du matin « ils avaient vu devant les portes une royne vestue « le plus richement qu'on sçauroit faire et avec une reli- « gieuse et un évêque, qui avoient sans nombre des gens « armés lesquels s'étoient mis à frapper sur les Anglois : « et qu'aucuns d'eux considerans que c'estoit la Vierge « Marie, SAINCT HILAIRE et saincte Radégonde, s'étoient « par désespoir occis eux-mêmes et les autres tués et « occis leurs compagnons. »

« Comme bien on le pense, le bon maire, en voyant le péril auquel la ville venait d'échapper si miraculeusement, s'en alla à l'église Notre-Dame-la-Grande remercier la Sainte Vierge. Mais quelle ne fut pas sa surprise quand, levant les yeux vers la statue qui représentait la Mère du Sauveur, il vit qu'elle tenait dans la main les clefs qu'il avait déposées, la veille, à son chevet. »

En 1241, Louis IX, le pieux Saint Louis qui avait été consacré à Saint Hilaire dans son sanctuaire de Vonécourt au diocèse de Langres (1), demeura quinze jours dans la cité de Poitiers. Il en profita, sans nul doute, pour venir plusieurs fois faire ses dévotions à Saint Hilaire.

Hélas ! durant les néfastes périodes qui suivirent, les maîtres de la France ne purent imiter ce pieux exemple. Il n'en fut pas de même de Charles VII. Lorsqu'il n'était encore que le roi de Bourges, maintes fois, il vint prier Celui qui déjà avait si ouvertement défendu son trône en péril.

Puis, lorsque l'héroïque Lorraine l'eut remis sur le siège de ses pères, la prospérité ne lui fit pas oublier Saint Hilaire. Il fut encore solennellement reçu dans la basilique plusieurs fois et en particulier en 1453. A cette dernière date, la cérémonie de sa réception eut une splendeur inusitée. Le roi fut revêtu d'une chape magnifique, ornée de figures brodées en soie sur un fond de drap d'or.

« Sur le chaperon on avait représenté la terre se sou-« levant, pendant le concile, sous Monseigneur Saint « Hilaire disant : *Domini est terra*. Sur les côtés on avait « brodé les armes du roi, supportées par deux anges, « puis la lumière du fanal allumé sur la tour allant frap-« per les yeux de Clovis couché dans sa tente ; une biche « montrant le gué de la Vienne à ses soldats ; le roi à « cheval haranguant son armée ; enfin la bataille des « Francs et des Ariens et la victoire à Clovis (2). »

A l'issue de la cérémonie, Charles d'Anjou, vicomte de

(1) Un pélérinage encore aujourd'hui des plus fréquentés. Cf. *Sem. liturg. de Poitiers*, 1881, p. 592 et *Sem. relig.* de Langres même année.

(2) De Longuemar, *loc. cit.* Le prix en montait à 35 écus d'or, soit 220 francs. Les ornements qui servirent à Henri IV ne coûtèrent guère que 50 liv. 17 sols, 8 deniers.

Chatellerault, fut reçu chanoine d'honneur de la Collégiale.

Les rois se succédèrent dès lors près des reliques de Saint Hilaire. Louis XI n'y manqua point. Charles VIII qui avait en grande dévotion le saint évêque, adressa à son église 60 écus d'or, en 1465. Lui-même trois ans plus tard vint, lors d'une visite à Poitiers, accomplir son pèlerinage (1).

Puis, c'est le tour d'Henri III, de sa mère et de sa femme en 1577, d'Henri IV en 1603, de Louis XIII et d'Anne d'Autriche en 1616, 1620, 1622.

Enfin le fier Louis XIV termine cette glorieuse liste, par deux visites, l'une en 1650, l'autre en 1659.

Le cérémonial usité lors de ces dernières dates donnera une idée de ce qui s'accomplissait habituellement.

« Messieurs le trésorier, doyen, chantre, sous-doyen et « maître-école restant à la porte de l'église, le trésorier « fit au roy l'aspersion de l'eau bénite, donna à baiser le « texte couvert d'argent doré et fit la harengue. Monsieur « le doyen lui présenta le surplis et l'aumuce de la part « du chapitre, selon la coutume, et, ce fait, le conduisirent au chœur dont le siège était préparé pour le « recevoir, l'orgue étant touchée par l'organiste, et fut « chanté le *Te Deum* par les chantres et les musiciens « de cette Eglise, comme aussi furent toutes les cloches « sonnées ; et d'autant que le roy n'etoit majeur, le conseil ne trouva pas à propos qu'il fît le serment comme « les roys ses prédécesseurs faysant leur entrée dans « l'Eglise. Et toutes ces cérémonies lui ayant été faites, « s'en retourna du chœur, Monseigneur d'Anjou présent « et autres seigneurs qui étoient attendus dans le placistre par la reyne régente ; et étant rentrés dans son « carosse, continuèrent leur voyage de Guienne (2).

(1) Il était accompagné de son prisonnier de Saint-Aubin qui devint roi sous le nom de Louis XII.

(2) Cf. *Registres canoniaux de Saint-Hilaire-le-Grand* au 23 juillet 1650.

Les Papes. — Saint Hilaire reçut de plus la visite de trois successeurs de Saint Pierre, des papes Saint Léon III, Urbain II et Clément V.

Urbain II, qui prêchait alors la Croisade arriva à Poitiers, le 13 janvier 1096, et assista dans la basilique aux cérémonies que l'on célébrait alors pour la fête de Saint Hilaire.

Clément V, venu à Poitiers lors du procès des Templiers passa près de seize mois dans cette ville. Souvent il fut reçu dans la basilique où il aimait prier près des reliques du puissant libérateur de l'Eglise opprimée.

Les Grands. — Innombrables sont les grands personnages qui suivirent l'exemple de ces souverains : les fiers Guillaumes, ducs d'Aquitaine, ne manquèrent point à ce pieux devoir. Aliénor elle-même, l'épouse infidèle de l'infortuné Louis VII, vint souvent s'agenouiller dans l'Eglise de Saint Hilaire, suivant en cela l'exemple donné par une illustre et bien aimée reine de France : Sainte Radégonde.

Les comtes d'Anjou, les lieutenants des rois d'Angleterre en France, les rois d'Angleterre eux-mêmes en firent autant. Parmi eux nous citerons Henri II Plantagenet et Richard-Cœur-de-Lion qui furent consacrés abbés au chapître.

Les Saints. — Quant aux Saints, qui ont marqué leur passage parmi les foules pressées dans la basilique, un livre entier suffirait seul à les énumérer tous.

Dès la mort de Saint Hilaire, on rencontre près de son tombeau le grand disciple Martin, qui, devenu évêque de Tours et apôtre des Gaules, vient demander à son vénéré maître les lumières dont il a besoin dans son apostolat.

Puis, on trouve encore à cette époque, l'historien de Martin, Sulpice-Sévère, d'anciens élèves de notre Saint, tels qu'Hilaire d'Azé qui meurt au retour d'un pèlerinage près du tombeau de son bienheureux parrain (1).

Le renòm de Saint Hilaire grandit encore et, avec le ve siècle, on voit apparaître à son Eglise d'autres pèlerins venus des confins de l'Europe.

— Saint Kuby, originaire de la Cambrée, qui demeure cinquante ans auprès du tombeau d'Hilaire, et qui, de retour en sa patrie, fait partout connaître le glorieux Saint.

— Saint Fridolin, né également en Irlande, à qui était réservée la tâche de relever la basilique détruite par les invasions, et qui, après quelques années passées près du sépulcre, se rendit sur l'ordre du Saint Docteur, en Italie, en Suisse, en Allemagne où il édifia partout des monuments en l'honneur de son bien aimé patron.

— Saint Savin de Lavedan, né à Barcelone qui, avant de se retirer à Ligugé, vint visiter le tombeau de Saint Hilaire.

— Saint Maixent, originaire d'Agde, qu'attirait à Poitiers le récit des miracles accomplis par le Saint évêque.

— Saint Généreux, Romain de naissance, Léonégisile également étranger, qui viennent, pour le même motif, s'agenouiller dans la basilique, avant d'aller terminer leur vie dans la solitude d'Ansion.

Au vi[e] siècle le nombre des pèlerins célèbres ne diminue point.

C'est Grégoire, le savant et illustre évêque de Tours, qui, chaque année, renouvelle son voyage et en profite chaque fois pour visiter et conseiller les pieuses moniales de Sainte-Croix.

C'est Germain, évêque de Paris, qui vient demander des conseils aux cendres du patron de l'Eglise de France.

C'est Fortunat qui, d'Italie, arrive près du tombeau de Saint Hilaire et qui s'y arrête pour toujours.

Ce sont les plus grands évêques du temps, Probianus

(1) Vide ci dessus chapitre IX.

de Bourges, Félix de Nantes, Avit de Clermont, Magnéric et Nicet de Trèves, ce sont enfin de Saints Moines comme Arédius (Yriex-Heray), Bodard, Junien, Avit ou Malo.

Les siècles qui suivirent n'arrêtèrent point cet exode remarquable. Bien au contraire, le VIIe et le VIIIe siècle amenèrent dans le monastère une foule plus grande de bienheureux personnages.

Saint Léger, le glorieux évêque d'Autun et son frère Saint Guérin, Saint Nivard, le restaurateur de l'Eglise de Reims, Saint Filibert le fondateur de Jumièges et l'illustre solitaire d'Herio (1), Saint Bercaire, l'ancien élève d'Ausfrède, le fondateur de Hautvilliers, de Puellemoutier, de Moutier-en-Der, Saint Achard, lui aussi ancien élève des clercs de Saint Hilaire, Saint Benoît, le pieux moine d'Aniane, Saint Guillaume le noble religieux de Gelloue, le bienheureux Alcuin et le sage Eginhart, Saint Austrégésile de Bourges, Saint Bertrand du Mans, Agéricus de Tours, apparaissent à ce moment dans la foule sans cesse grandissante des dévots de Saint Hilaire.

Après les invasions, les saints reviennent aux pieds du Saint docteur.

— En 1060, c'est le saint évêque d'Ostie, le cardinal Pierre Damien qui prononce l'éloquent panégyrique dont nous avons parlé plus haut.

— Puis Saint Fulbert évêque de Chartres (2), qui laisse à la collégiale son disciple Hildegaire pour y enseigner la théologie.

— Guibert de Gemblours qui parcourt la France pour faire ses dévotions dans les lieux sanctifiés par la présence des Saints.

— Bernard de Tiron, le pieux moine de Saint Cyprien, de Saint Savin, de Fontgombaud.

— Bernard de Clairvaux, le grand Saint Bernard,

(1) Aujourd'hui Noirmoutier.

(2) Il fut pourvu de la trésorerie de Saint-Hilaire en 1019 ou 1020.

qu'attirent à Poitiers les désordres du duc Guillaume X, etc.

Nous pourrions nommer encore d'autres saints et d'autres bienheureux, comme L.-M. Grignon de Montfort, accourus aux pieds du grand vainqueur des Ariens. Mais, en voilà assez. Cette infinité de noms glorieux prouve surabondamment en quel honneur Hilaire a, de tous temps, été tenu par les catholiques du monde entier.

Puissent un jour les foules de la jeune France retrouver le chemin du sanctuaire béni ! Puisse un jour un pèlerinage vraiment national venir demander au vieil évêque, au vieux vainqueur, la victoire pour l'Eglise et la France.

CHAPITRE XVII

Le Culte de Saint Hilaire

LES RELIQUES. — LES FÊTES. — LE CULTE DANS LE PASSÉ ET DANS LE PRÉSENT

Les Reliques. — Outre le corps de Saint Hilaire lui-même, il est d'autres reliques de notre Saint que les peuples conservèrent et gardèrent avec amour : Ce sont celles que Lecoy de la Marche (1), dans sa vie de Saint Martin qualifie si finement du nom de « *reliques extérieures.* »

Ces reliques étaient de plusieurs sortes. Il y avait d'abord les vêtements portés par le Saint durant sa vie. Plusieurs lieux de France, revendiquaient l'honneur de posséder de ces restes sacrés. L'abbaye de Nouaillé (2) (Vienne) gardait précieusement dans son trésor une ceinture et divers ornements de Saint Hilaire. L'abbaye de la Trinité de Poitiers, la collégiale de Saint-Hilaire-le-Grand, l'abbaye de Charroux possédaient elles aussi, disaient-elles, des vêtements sacerdotaux du grand évêque.

Sa mitre était conservée à la cathédrale de Poitiers.

(1) Lecoy de la Marche. *Histoire de Saint-Martin.* Tours, Mame.

(2) L'abbaye de Nouaillé, fondée à la fin du VIIIe siècle par Atton, évêque de Saintes et abbé de Saint-Hilaire-le Grand, remontait peut-être jusqu'aux disciples de Saint-Hilaire.

On raconte que le moine Hildebrand, qui devait plus tard être, sur le trône de Saint Pierre, le grand pape Grégoire VII, envoyé à Tours par le Souverain Pontife Alexandre III, afin de présider le Concile qui devait traiter du relâchement des mœurs en Aquitaine, refusa énergiquement la place de président, à moins que les séances du Concile ne se passassent en présence de la mitre de Saint Hilaire. Les chanoines de la Cathédrale envoyèrent donc à Tours la précieuse relique qui présida à tous les travaux de l'assemblée (1).

Le berceau de Saint Hilaire. — Un autre souvenir non moins précieux était *« le berceau de Saint Hilaire. »*

« On prétend, dit Dreux-Duradier (2), qu'une chambre « qu'on voit près de la grande porte de cette église (3) « est celle qu'il habitoit et qu'une espèce de crèche en « bois est le lit où il couchoit. On l'appelle « *Berceau de « Saint Hilaire* » et l'on y conduit ceux qui ont eu le « malheur de devenir insensés ou furieux. »

Le chroniqueur Jehan Bouchet eut ainsi le bonheur de recouvrer la raison. S'il guérissait, il avait fait vœu *« à « Dieu et à Sainct Hilaire d'écrire les faits et gestes de « ce Sainct évesque »*. Une fois revenu à la santé, il tint sa promesse, en publiant les « *Annales d'Aquitaine.* »

Tous ces vénérables objets disparurent, soit durant les guerres Anglaises, soit durant les guerres de religion, soit enfin durant la Révolution.

Le marbre de Faye. — Un hasard tout providentiel nous a conservé une relique doublement précieuse et doublement sacrée : la pierre d'autel, sur laquelle, durant

(1) Abbé Auber. *Histoire de la cathédrale de Poitiers*, t. II, page 11.
(2) Bibliothèque historique et critique du Poitou. t. I, page 45.
(3) Saint-Hilaire-le-Grand.

ses voyages, le Docteur avait la coutume de célébrer le sacrifice de la messe.

Cette table d'autel, riche morceau de porphyre, est conservée dans la petite église de Faye-l'Abbesse (1).

On raconte que Saint Hilaire aimait à officier dans une humble chapelle, située aux Cranières (commune de Faye) et dédiée à l'héroïque martyr d'Autun, Saint Symphorien. Il y laissa même sa pierre sacrée qui continua d'y être vénérée à l'égal des plus insignes reliques qu'elle surpassait en guérisons miraculeuses (2).

Perdue durant un moment et enfouie dans la terre, elle fut découverte d'une manière assez bizarre.

« Un fermier de la commune de Faye-l'Abbesse avait « acheté à une foire de Bressuire, deux bœufs qu'il avait « l'intention de soigner d'une manière toute particulière. « Rien ne devait être négligé pour en faire des animaux « dignes, sous tous les rapports, d'attirer l'attention des « plus fins connaisseurs. Le meilleur champ de toute la « ferme leur avait été assigné pour pacage et chaque « jour ils y étaient conduits, après avoir reçu à l'étable « tous les soins hygiéniques que ne doit jamais négliger « un éleveur intelligent.

« Quel ne fut pas l'étonnement du fermier, en consta- « tant au bout d'un certain temps que l'un de ces bœufs, « qui mangeait toute la journée, ne s'arrêtant jamais une « minute, était cependant d'une maigreur excessive, tan- « dis que l'autre, aussitôt arrivé au champ se dirigeait, « invariablement, au même endroit, se tenait constam- « ment couché, dédaignant toute nourriture, et, se con- « tentant de lécher la terre, était, malgré cela, dans le « meilleur état d'embonpoint ! Un semblable prodige « était bien fait pour frapper l'imagination de notre cam-

(1) Faye l'abbesse, 1195 habitants, canton de Bressuire (Deux Sèvres).

(2) Cette relique vénérée a la propriété de guérir par son seul toucher les goîtres et les tumeurs.

« pagnard, qui, croyant avoir à faire à quelque pratique « de sorcellerie s'empressa d'aller consulter le curé de la « paroisse.

« Le curé s'étant immédiatement rendu sur les lieux « ne tarda pas à reconnaître qu'il y avait là, en effet, « quelque chose de surnaturel. Il ordonna de pratiquer « en cet endroit une fouille qui amena la découverte du « morceau de porphyre.

« Reconnu aussitôt pour être l'autel portatif de Saint « Hilaire que l'on cherchait depuis longtemps, il fut « transporté en grande pompe à l'Eglise, où il n'a cessé « d'être l'objet de la plus grande vénération, tant pour le « souvenir qu'il rappelle que pour les miracles qu'il n'a, « dit-on, cessé d'opérer (1)... »

Monsieur le curé de Faye-l'Abbesse (2), nous a récemment adressé une lettre, renfermant les plus intéressants renseignements sur ce pèlerinage : en voici quelques extraits.

« ..... Quant au nombre de pèlerins qui visitent chaque « année le vénéré sanctuaire, il dépasse certainement « *quatre mille*. Ils viennent de la Vendée, du Maine-et-« Loire, des Deux-Sèvres, quelques-uns, mais en petit « nombre, de la Charente, Charente-Inférieure et de la « Vienne.

« Le 10 janvier dernier (1904), j'ai reçu de Saint Hilaire « de Voust (Vendée) la lettre suivante : J'ai l'honneur de « vous remettre ci-joint la somme de..... avec prière de « dire une messe, le 13, aux intentions de Madame Du-« breuil, ma mère et de vouloir bien « marbrer » (3) une « personne sur le visage et la jambe gauche. Le visage « va beaucoup mieux.

« Une autre d'Avrillé du 8 janvier : « il y a deux ans « au moins que j'ai envoyé un morceau de flanelle pour

(1) R. M. Lacuve, *Pays poitevin*, n° 16.
(2) Monsieur l'abbé Rousseau.
(3) C'est le terme consacré en pareille circonstance.

« toucher les reliques de Saint Hilaire, au sujet d'une « grosseur que ma femme a sur l'épaule ; la grosseur n'a « pas augmenté. »

« Madame Gay a été guérie, le 8 septembre 1881, d'une « maladie aux genoux. Depuis dix-huit ans, elle ne pou- « vait marcher : ses genoux étaient pleins d'eau.

« Césarine Duiliet, femme Robin, demeurant à Saint- « Michel-le-Clourq, arrondissement de Fontenay, a été « guérie d'une grosseur au sein en 1895.

« Madame Turpault, de Saint-Léger-Montbrillais, m'é- « crit, le 8 septembre 1886 : « Les voyages que ma fille et « moi nous avons fait à Faye-l'Abbesse ont produit très « bon effet ; ses amygdales ont de beaucoup diminué. »

« Il en est beaucoup d'autres que j'ai négligé de noter.

« Un fermier de Cholet a été guéri d'un goître d'une « grosseur extraordinaire ; les médecins de Cholet, d'An- « gers ont tous été d'accord pour lui faire l'opération. Il « s'y est opposé, et Saint Hilaire, au second voyage, a « fait disparaître le mal.

« Céline Brossard a été guérie d'un mal à la jambe, le « 8 septembre 1896 : elle demeurait à Nieul-sur-l'Autize « (Vendée)... »

Les fêtes. — Les fêtes de Saint Hilaire étaient jadis au nombre de quatre.

La première, qui se célébrait le 13 janvier, était l'anniversaire de la mort du glorieux docteur. C'était la fête la plus solennellement célébrée. Dans le diocèse de Poitiers elle était chomée et jouissait du privilège d'une octave (1). Cette fête se nommait aussi la Saint Hilaire d'hiver. Elle était solennellement fêtée par le Parlement de Paris.

Le 26 juin, on célébrait la fête de la Translation ou de

(1) Cette octave se célèbre encore de nos jours.

la Saint Hilaire d'été. En souvenir de la lueur miraculeuse, apparue à Clovis en 507, le maire et les échevins de Poitiers, précédés des clercs du palais, portant des torches, se présentaient le 25 juin à la porte de la collégiale, et après avoir fait leurs dévotions et chanté un *Te Deum*, allumaient une lanterne que l'on hissait ensuite au sommet du clocher. Puis les cloches sonnaient, à toute volée, durant la nuit entière. Le lendemain la foule des pèlerins se pressait dans l'Eglise, jonchée de fleurs et d'herbes aquatiques (1).

Les deux autres cérémonies se célébraient, l'une le 17 juillet, et l'autre le 25 novembre de chaque année.

La première avait pour but de rappeler la découverte des ossements de Saint Hilaire au Puy, et l'autre, leur remise aux chanoines de la collégiale.

Liturgie. — Jadis, Saint Hilaire jouissait de l'extrême honneur d'être nommé au canon de la messe avec Saint Augustin, Saint Grégoire, Saint Jérôme, Saint Benoît et Saint Martin.

Aujourd'hui, l'Eglise, qui n'admet plus que les martyrs et les apôtres à ces prières, a enlevé à ces Saints confesseurs et docteurs, la prérogative qu'elle leur avait jusqu'alors accordée.

Jusqu'à l'année 1850, la liturgie Romaine ne conférait à Saint Hilaire, que les honneurs réservés aux confesseurs pontifes (2). Or, le concile de Bordeaux de 1850, adressa au Saint Siège, à l'instigation de Mgr Pie, évêque de Poitiers, une supplique où il demandait pour Hilaire le titre solennel de Docteur de l'Eglise. Avec joie,

(1) Thibeaudeau, (*Histoire du Poitou*), t. I, p. 117, dit que l'on allumait cette lanterne afin d'éclairer les pèlerins qui arrivaient aux offices de la nuit.

(2) Il est juste de dire qu'un grand nombre de diocèses même italiens, reconnaissaient à Saint-Hilaire le titre de docteur, avant le décret du Saint Siège.

Pie IX accueillit cette requête. L'abbé Bernaud fut nommé postulateur de la cause et un décret de la cour de Rome, en date du 19 mars 1851 accordait au grand pontife cet honneur bien mérité.

Le culte. — Un peu partout les Eglises s'élevèrent à la gloire du bien aimé Saint. La France la première donna l'exemple. Périgueux, Tours, Agen (1), Paris (2), Nogent-le-Rotrou (3), Chârtres, Reims (4), Rouen, etc., lui consacrèrent des édifices.

Innombrables sont encore de nos jours les communes

(1) L'Église Saint Hilaire d'Agen « ancienne chapelle des Cordeliers, de la fin du XIVe siècle ; une seule nef de 3 travées, bordée de petites chapelles ; chœur à 7 pans. Charpente remarquable. Joli clocher moderne qui contient la cloche de l'ancien beffroi d'Agen, fondue en 1497. » (Vivien de St Martin).

(2) Voici ce que nous dit Dulaure sur cette église : « Saint Hilaire, église paroissiale située rue du Mont-St-Hilaire no 2. Elle existait dans le XIIe siècle avec titre d'oratoire. Vers l'an 1200 on la voit figurer en qualité de paroisse. La population qui s'accroissait toujours dans Paris nécessitait de pareilles érections. Le portail construit au XIIIe siècle fut ainsi que l'édifice entièrement réparé au XVIIIe.

« On y voyait le tombeau en marbre de Louis-Hercule-Raymond Petit, écolier, mort âgé de dix ans en 1747. Son épitaphe se terminait par ces mots extraordinaires : *Sancte puer, ora pro nobis.....*

« Cette Église a été démolie vers l'an 1795 ; elle est remplacée par une maison particulière. » Dulaure, *hist. de Paris*, Philippart, éd. 1860. T. 1. p. 219.

(3) L'Église de St Hilaire de Nogent le Rotrou date du XIe siècle : le sanctuaire fut élevé au XIVe siècle, la nef est un peu postérieure. Quant au clocher, il ne date que du XVIe siècle. Le diocèse de Chartres a toujours conservé vivant le souvenir de Saint Hilaire ; une église lui fut dédiée à Chartres, sa magnifique cathédrale conserve son image dans une petite Rosace du XIIIe s. (au dessus des grandes baies de la nef). Dans le reste du diocèse 10 édifices sont dédiés au Grand Docteur (renseignements communiqués par M. le chanoine Métais, archiviste de Chartres).

(4) Reims possédait deux églises en son honneur. Flodoard rapporte quelques miracles qui s'y accomplirent Vid. Boll. *Acta Sanctorum* Janu. T. II, XIII. jan.

de France qui possèdent des églises en son honneur. On en trouve partout répandues dans les diocèses d'Angers, de Tours, de Laon, d'Agen, de la Rochelle, de Luçon, d'Orléans, de Langres, de Carcassonne, de Bayeux, de Blois, de Chartres, de Versailles, de Nantes, de Tarbes, de Moulins, de Troyes, d'Angoulême, de Besançon, de Toulouse, de Bourges, de Grenoble, de Lyon, du Puy, de Verdun, d'Arras, de Tulle, de Montpellier, de Limoges, de Nîmes, de Mende, de Rennes, de Laval, de Périgueux, de Coutances, de Nevers, de Chalons, du Mans, de Reims, de Cambrai, de Clermont, etc. (1).

Le seul diocèse de Poitiers lui a consacré 66 sanctuaires parmi lesquels on rencontre les magnifiques églises de Saint Hilaire de Poitiers, de Niort, de Loudun, de Melle.

Hollande, Belgique. — A l'étranger ce nom béni se rencontre souvent. En Hollande, en Belgique, on le trouve parfois : Lenain de Tillemont nous dit que, à Wallers, dans le Hainaut, une relique de Saint Hilaire attirait chaque année un grand concours de peuple et que Saint Hadier, voulant ressusciter un enfant, le fit porter devant le reliquaire (2).

Suisse, Allemagne. — La Suisse, l'Allemagne, possédaient, grâce à Saint Fridolin (3), maintes églises sous son vocable. On en trouvait à Strasbourg, à Coire, à Colmar, à Sikingen, etc. Le nom du canton de Glaris en Suisse est un vivant souvenir de Saint Hilaire.

(1) Il est le patron du diocèse de Luçon et la catholique Vendée n'a pas oublié son premier pasteur.

(2) Lenain de Tillemont, *Mémoires pour servir à l'histoire ecclésiastique des six premiers siècles* T. VII page 462.

(3) Saint Fridolin, patron de Glaris, figuré comme tel sur le sceau et les armes du canton. On le représente chargé de son bissac et ayant d'une main le bâton de pèlerin, de l'autre le livre des évangiles.

puisque, d'après le témoignage de Jean Muller, il est le résultat de la prononciation gutturale du nom *Hilaris*.

Italie. — L'Italie, l'Italie surtout, se souvient encore de ce qu'elle doit à Saint Hilaire. Sur l'emplacement de la maison qu'il habitait lorsque, si vaillamment, il combattait Auxence, Milan édifia une basilique. Parme, Gignod (1), Nus lui ont dédié des églises. A Rome, Saint Jean de Latran, la basilique-mère, l'antique église des papes, lui a consacré, dans le bas côté gauche, une magnifique chapelle ornée de fresques. Sur l'une l'on voit l'illustre pontife, écrivant son chef-d'œuvre, les yeux fixés sur la Trinité qui lui apparaît au coin gauche, tandis qu'une autre le représente, chassant les serpents de l'île de Dive qu'il délivre pour toujours de son terrible fléau. Ces fresques sont du Bogognone.

Le monastère de Cori, au diocèse de Velletri, lui a été consacré par son fondateur, Guillaume d'Estouteville, légat du Saint Siège (2).

Angleterre et Irlande. — Le docteur Cazenove, dans son beau livre sur Saint Martin et sur Saint Hilaire fait remarquer que la Grande Bretagne n'a pas non plus oublié le courageux pontife et qu'elle lui a dédié quelques-uns de ses beaux temples.

Quant à l'Irlande elle apprit jadis à chérir et à vénérer le glorieux pontife que Saint Kuby, un de ses apôtres les plus aimés, lui avait jadis fait connaître.

Oblats de Saint Hilaire. — Le XIXe siècle, qui devait couronner Saint Hilaire, du titre de docteur, devait aussi lui accorder bien d'autres honneurs.

(1) Voyez Adrasto del Pusiano. *Notice sur Gigond : revue d'archéologie poitevine (Mgr Barbier de Montault)* de mai 1899. Gigond est un chef-lieu, dans le diocèse d'Aoste en Piémont.

(2) Muratori *Rerum Italicarum Scriptores* T. II.

Le grand cardinal Pie, celui que l'on nommait *Alter Hilarius*, épris de tout ce qui rappelait la mémoire du plus grand de ses prédécesseurs, donna son nom à une congrégation de religieux Oblats. Ces prêtres, dont la société, naguère encore florissante, dirigeait d'importantes institutions, se sont aujourd'hui dispersés, mis à la porte de chez eux par une loi inique qui les dépossède de leurs biens (1).

Culte dans le présent. — Des cérémonies dont nous avons parlé plus haut, deux seulement se célèbrent encore, la fête de la Saint-Hilaire d'été et de la Saint Hilaire d'hiver.

Le fanal que, lors de la première de ces fêtes, le maire de Poitiers hissait au sommet du clocher s'allume encore. Tous les ans, la veille du 26 juin, le sacristain de Saint Hilaire accomplit cette pieuse coutume, et, de quart d'heure en quart d'heure, les cloches sonnent pendant la soirée.

Hélas ! le lendemain les pèlerins des anciens jours ne se pressent pas sur le parvis du sanctuaire. Cependant le peuple poitevin, fidèle à son docteur, vient encore, en foule, escorter la châsse vénérée que l'on promène processionnellement, sous les vieilles voûtes de la collégiale.

Avec plus de pompe, dans la cathédrale de Poitiers, le dimanche qui suit le 13 janvier, on célèbre la Saint Hilaire d'hiver. Quelques évêques viennent habituellement rehausser l'éclat des cérémonies qui se célèbrent à cette occasion et un prédicateur en renom y prononce le panégyrique du glorieux docteur.

L'illustre père de Ravignan, le cardinal Mermillod, Mgr Freppel, le cardinal Pie, le cardinal Donnet, etc.

(1) Ces religieux obéissent à une règle copiée sur celle des oblats de S. Ambroise fondés par S. Charles Borromée. Ils sont auxiliaires pour toutes les fonctions du S. ministère.

furent jadis chargés de redire aux peuples la gloire du Saint bien aimé.

XVe centenaire. — Le quinzième centenaire de Saint Hilaire se célébra avec grande pompe le 13 janvier 1868. Le cardinal Pie avait compris qu'un concile, seul, pouvait convenir au grand caractère d'Hilaire. Il réunit donc autour de lui, les évêques de la province de Bordeaux (1). Les pontifes clôturèrent les séances de l'assemblée en adressant à Hilaire de ferventes prières et de solennelles acclamations.

(1) Monseigneur Donnet, archevêque de Bordeaux, présida le concile qui comprenait aussi quelques évêques de la province de Tours.

CONCLUSION

« Durant sa vie, a dit un auteur catholique, Hilaire posséda toutes les vertus qui peuvent relever le mérite d'un homme incomparable (1). » Depuis sa mort « il n'a plus à redouter le contrôle de l'opinion et le jugement de la postérité. Ses preuves sont faites, sa renommée est hors d'atteinte. Pendant près de quinze siècles, l'Eglise, ce juge impartial de tout talent et de toute sainteté, ce gardien fidèle de toute gloire légitime, l'a maintenu au siège d'honneur où l'avaient placé ses contemporains ; et quand le pontife suprême qui occupe aujourd'hui le siège apostolique (Pie IX) lui a assigné dans la liturgie universelle le rang dont il avait joui jusqu'ici dans quelques Eglises particulières, il a trouvé le monde chrétien aussi édifié que lorsque celui-ci revenant des contrées lointaines où il avait été exilé pour la foi, traversait en vainqueur la Grèce, l'Italie et les Gaules et rentrait en triomphe dans son Eglise de Poitiers.

Est-il, je ne dis pas dans nos écoles catholiques, mais même dans les régions désolées encore par le schisme et l'hérésie, est-il un homme de science, un écrivain sérieux, un controversiste de quelque valeur, qui ne possède, qui ne consulte, qui n'admire ces pages dont Saint Jérôme, cet autre Père de l'Eglise, conseillait même à d'humbles femmes et à de jeunes vierges la lecture assidue, parce que, selon le jugement de cet appréciateur éclairé, dans

(1) Cassien.

les livres de notre Athanase de l'Occident, comme dans celle de l'Athanase de l'Orient, nul ne courait risque de heurter le pied contre l'erreur (1). »

De plus, Hilaire a toujours protégé l'Eglise de France (2). Sulpice Sevère a pu dire, au IVe siècle, que c'était à lui que les Gaules devaient d'avoir été délivrées de l'erreur : HILARII BENEFICIO GALLIAS NOSTRAS PIACULO HŒRESIS LIBERATAS. Plus tard, c'est aux portes de son Eglise que tomberont les efforts vaincus de l'Arianisme (Vouillé 507), de l'Islamisme (Moussais 732), du protestantisme (Moncontour 1569), de l'impiété révolutionnaire (Vendée 1793).

Ce sont, me semble-t-il, des titres à notre vénération et à notre reconnaissance.

« Hilaire est notre plus belle gloire, dira avec raison un évêque de Poitiers, de pieuse et vénérée mémoire (3). Son culte doit nous être d'autant plus à cœur que nous lui devons comme à Saint Martin l'honneur d'avoir tenu une place glorieuse dans l'histoire de l'Eglise, la conservation de la Foi dans notre contrée et dans la France entière. En ces jours où la foi va s'affaiblissant autour de nous, ne serait-il pas opportun, ne serait-il pas éminemment salutaire de ranimer dans les âmes l'amour de cet athlète intrépide qui eut sacrifié sa liberté « plutôt que de laisser corrompre la chaste virginité de la vérité ? » Nous voudrions voir son culte s'étendre, son nom redevenir

(1) Cardinal Pie. *Sur la reconstruction de la bas. de St. Hilaire.*

(2) Voir : Mgr Cousseau év. d'Angoulème, (œuvres T. 1). « *De la protection de St. Hilaire sur son diocèse de Poitiers et sur toute la France. Discours prononcé le 16 janvier 1868, devant le concile provincial de Poitiers réuni à l'occasion du XVe anniversaire-centenaire de S. Hilaire, dans la 2e session tenue en l'église abbatiale de Ligugé* » P. 287.

(3) Mgr Augustin Hubert Juteau, évêque de Poitiers de 1888 à 1893. Il adressait cette lettre à son clergé, peu de jours avant sa mort, et promettait, d'ores et déjà, de magnifiques cérémonies en l'honneur d'Hilaire.

populaire, son sanctuaire jadis fameux abriter les foules en prière. »

Espérons que, dans un avenir prochain, il en sera ainsi, et c'est avec cette espérance, que nous terminerons cet humble ouvrage, élevé à la gloire de notre illustre et bienheureux Père dans la foi.

ADDENDA

A

Lieux de naissance de Saint Hilaire

Extrait de Jehan Bouchet *Annales d'Aquitaine*, page 21.
« *Aulcuns disent qu'il estoit natif de Bourc en Sain-*
« *tonge, les autres de Naliers au Bas de Poictou; les*
« *autres d'Aquitaine, à quarante lieues loing de la mer*
« *Brittannique sans nommer le lieu. Et ainsi la escrit*
« *Sainct Fortuné* (1) *dans la légende qu'il a faicte dudit*
« *Sainct.* »

B

La Famille d'Hilaire

A plusieurs reprises, soit l'histoire, soit la légende ont fait mention de la famille d'Hilaire : Voici en quelles occasions.

Les jeunes époux de Saintes. — A Saintes, arriva un jour un jeune couple, uni et aimant, « *de la famille d'Hilaire* » dit Saint Grégoire de Tours. La lumière descendit en leurs âmes et ils demandèrent le baptême. Comme on l'avait remis au jour de la Résurrection, épuisés, sans

(1) Saint Fortunat.

doute, par les privations d'un long jeûne, les deux époux, ensemble, quittèrent la terre et leurs deux âmes s'en furent vers le Très-Haut. Unis dans la vie, on les unit dans la mort en les plaçant tous deux dans le même cercueil de pierre, près la porte de l'Eglise.

... A quelques temps de là, comme la basilique menaçait ruine, on voulut déplacer le tombeau. Les efforts de trente hommes furent vains..... Sur ces entrefaites la nuit arriva..... Le lendemain, ô miracle, portée sans doute sur les ailes des anges la tombe était à la place qui lui avait été assignée (1).

Francaire et son épouse. — Francaire, le père de notre saint, est pour nous presque un inconnu : tout ce que nous en savons se résume en peu de mots : Francaire, riche seigneur aquitain, né sans doute dans les ténèbres du paganisme (2), se convertit en même temps que son fils Hilaire. Il mourut dans le courant du IVe siècle (3).

Sa sainteté fut attestée par de nombreux miracles et un culte public lui fut rendu, non seulement à Cléré, mais encore dans tout le territoire avoisinant. Inhumé au Mureau, en sa villa, on continua à l'y aller prier jusqu'au IXe siècle, époque où, de crainte des Normands, on transporta le corps du Saint et celui de son épouse dans l'Eglise de Saint Hilaire de Vihiers (Maine-et-Loire).

Lorsque la paix fut rendue à l'Eglise et à la France, le peuple de Cléré ramena triomphalement le corps de Francaire dans son Eglise où il le conserva jusqu'au

(1) R. P. Dom Chamard, *Origines de l'Eglise de Poitiers* chap. XII p. 203.

(2) Dom Chamard, et d'autres historiens, ont pensé que Francaire [illegible] chrétien et qu'il se conforma à la coutume alors admise de ne [illegible] baptiser les enfants qu'à un âge avancé. Nous préférons, pour la [illegible] Saint Angevin, voir en lui un païen converti en même temps [illegible] illustre fils.

(3) On [illegible] le 21 septembre.

XIVe siècle. A ce moment les guerres anglaises forcèrent de cacher les reliques dans une grotte voisine qui fut murée sur son précieux dépôt.

En 1470, ces restes étaient à nouveau découverts, accompagnés de pièces attestant leur authenticité. Transportées de nouveau, après vérification, dans l'église de Cléré, elles attirèrent de plus en plus les pèlerins.

En 1641, Louis-Henri Chasteigner de la Rocheposay, évêque de Poitiers, vérifia les reliques et les déposa dans une châsse nouvelle, dûe à la générosité de messire Nicolas de Lezeau, prieur commendataire de Cléré.

Cent cinquante-deux ans plus tard, les révolutionnaires jetaient dans la boue de l'église devenue écurie, les reliques de Francaire. Recueillies par des mains pieuses et placées dans une châsse convenable, elles attirent encore les prières des pieux fidèles (1).

Quant à la mère d'Hilaire, sa vie et son nom même nous sont absolument inconnus. Thibaudeau (2), sans aucune preuve d'ailleurs, nous dit qu'elle se nommait de Mureau.

†

Autres membres de la famille d'Hilaire. — D'autres membres de la famille d'Hilaire sont encore parvenus jusqu'à nous. Ainsi l'on croit généralement que Saint Félix de Smarves, natif des environs de Passavant, était parent d'Hilaire.

De plus, la légende nous fait voir en Hilaire d'Azé, le filleul du grand docteur (3).

(1) Documents tirés de la *Vie de St Francaire* par M. l'abbé Branchereau curé de Trémont, puis supérieur du grand Séminaire d'Orléans St *Francaire* de l'abbé Charpentier, Angers. Siraudeau, 1905.

(2) Thibeaudeau. *Histoire du Poitou* tom I. p. 33.

(3) Voir la vie de ces deux saints, chapitre neuvième : *Les disciples de Saint Hilaire.*

Après ces quelques noms, aujourd'hui bien ignorés, nous ne trouverons plus de traces de la famille d'Hilaire, dont la gloire a éclipsé tous les siens.

C

Nous nous sommes tout récemment adressé à M. le curé de Cléré pour avoir des renseignements exacts sur Saint Hilaire et Saint Francaire à Cléré, voici sa réponse :

« ... Saint Hilaire a dû autrefois être patron de ma paroisse, car je le vois encore représenté sur notre bannière et dans un petit vitrail de mon église neuve ; mes prédécesseurs, de concert avec l'évêché, ont mis à sa place Saint Jean l'Evangéliste, de sorte que maintenant aucun honneur n'est rendu à Saint Hilaire dans ma paroisse (1). »

« Je n'en dis pas autant de Saint Francaire, père du grand docteur. Toute la contrée sait que nous possédons dans notre église les précieux restes de son corps renfermés dans une magnifique châsse que l'on expose, deux fois par an, à la vénération des fidèles, le 28 avril, fête de notre adoration perpétuelle et le 21 septembre. Ces deux jours sont très fêtés par les habitants de Cléré. Nous avons même deux reliquaires de Saint Francaire, l'un considérable et renfermant une grande partie de ses ossements, l'autre plus petit que l'on fait baiser aux fidèles.

« Ma petite église est neuve et n'a rien de bien remarquable. Dans la vieille église il y avait une statue de Saint

(1) Cependant en 1862, Saint Hilaire était encore titulaire de l'église de Cleré. Témoin la bulle du pape Pie IX reproduite par l'abbé Branchereau dans sa *Vie de St Francaire* : «... Nous accordons miséricordieusement en N.-S. J.-C. par ces présentes, valables seulement pendant 7 ans, « indulgences plénières et rémission de tous les péchés à tous les fidèles qui, vraiment « pénitents s'étant confessés et ayant communiés visiteront l'église paroissiale de *S. Hilaire de Cleré* etc. ».

Francaire et une statue de Saint Hilaire qui n'avaient aucun cachet. La statue de Saint Francaire, en particulier, était un contre sens ; il était représenté avec de la barbe et de grands cheveux, ce qui était contraire à l'usage du temps. Je viens de faire exécuter une statue de Saint Francaire pour mon Eglise neuve et je la crois plus correcte. On le représente relativement jeune, sans barbe, avec des cheveux courts et portant le manteau de gouverneur. Dans la main droite il tient une bourse, symbole de sa charité et dans l'autre un parchemin. »

« On est venu souvent des paroisses voisines demander de la pluie à Saint Francaire dans les coteaux du Bas Mureau. Là il y a sa petite fontaine qui coule toujours.

« Pour avoir de l'eau il suffit de tremper le bâton de la Croix de procession dans la source en demandant cette grâce à Saint Francaire et l'on est toujours exaucé. Cette même eau [illegible] Curé de Clé[illegible] depuis un an, je voudrais agrandir encore le culte de Saint Francaire dans ma paroisse. Dans ce but je désirerais lui ériger près de cette fontaine une petite chapelle où l'on pourrait venir le prier. Mes prédécesseurs avaient même commencé cette chapelle, mais, faute de ressources il a fallu suspendre les travaux. Il est décidé qu'ils doivent reprendre au printemps prochain et je n'ai presque rien pour mener l'entreprise à bonne fin..... »

Le zèle, si digne de louanges, de Monsieur le curé de Cléré n'a pas été arrêté par les difficultés et, le 23 septembre [illegible], a été inaugurée, au Mureau, la nouvelle chapelle de Saint Francaire. Les cérémonies splendides qui se célébrèrent ce jour là, furent présidées par l'éloquent évêque d'Angers. Lui-même adressa aux [illegible] pieuse qui l'entouraient un magnifique discours où il [illegible] les enseignements que [illegible] [illegible] de Saint Hilaire et de son Père.

La chapelle de Saint Francaire, élevée sur les plans de M. T[illegible]chay, est un gracieux monument de style [illegible] man, sobre et délicat. Malheureusement, les murs seuls sont debout : tout l'intérieur est encore à faire, les fenêtres à orner de verrières, les murs à garnir des statues d'Hilaire, d'Abra et de Francaire : aussi est-ce un pressant appel que nous adressons ici à la générosité catholique afin qu'elle daigne contribuer à donner un essor nouveau au culte de trois de ses plus grands Protecteurs.

D

Le portrait de Saint Hilaire

« ... Poictiers... a eu ceste faveur du Ciel... d'avoir « conservé le vif pourtraict de son grand pasteur et doc- « teur Hilaire qu'on voit *peind d'une médiocre stature* « *avec un œil vif, un nés pointu et un seing ou poireau* « *en la joue gauche.* C'est ainsi que le représentent les « anciennes peinctures... »

(Dumonteil. *Vie de Saincte Radégonde, Royne de France* — Rhodez, 1618).

E

Les demeures de Saint Hilaire

Les deux maisons que, durant sa vie, Hilaire avait habité à Poitiers furent précieusement conservées par la vénération populaire.

La première, la demeure familiale que Francaire habitait lors de ses séjours à Poitiers, cette demeure de la « *via cellæ* » que, nouveau pontife, Hilaire avait abandonné à son épouse et à sa fille, devint un sanctuaire vénéré, visité par les pèlerins. Lienne y avait réuni quelques moines : ce fut l'origine de l'abbaye de Saint Hilaire de la Celle.

On montrait encore, à la veille de la Révolution, la chapelle souterraine où le Saint évêque disait sa messe (1) et où une tradition erronée plaçait le primitif emplacement de son sépulcre.

Dans le mur était un bas relief, encore aujourd'hui existant et représentant, d'après l'opinion de Mgr Brumault de Bauregard, évêque d'Orléans, l'apothéose de Saint Hilaire (2).

La chapelle de Saint Hilaire de la Celle existe encore de nos jours. Elle sert d'Eglise aux pieuses filles de Sainte Thérèse qui y gardent le vivant souvenir de Saint Hilaire et de Sainte Abra dont les statues dominent leur maître-autel.

Quant à la cellule que, devenu évêque, Hilaire habitait au flanc de sa cathédrale, son souvenir n'est pas encore disparu. La Révolution avait détruit l'église que la piété des populations avait bâti sur ses ruines : elle a été naguère relevée, sur les plans du grand cardinal Pie, et mise par lui à la disposition des Oblats de Saint Hilaire.

Depuis la dispersion, en 1902, de ces religieux, elle sert de sanctuaire au refuge des prêtres âgés ou infirmes.

A côté se trouve, récente elle aussi, une petite chapelle dédiée à Saint Martin et occupant la place où s'accomplit jadis le miracle dont nous avons parlé plus haut. Cette chapelle, d'un style sobre en même temps qu'élégant, appartenait, elle aussi, aux religieux Oblats.

(1) Le R. P. de la Croix a en effet en 1877 établi d'une façon évidente l'existence de la petite église où Hilaire disait la messe, dans le sous-sol de l'église St Hilaire de la Celle.

(2) Ce bas relief représente un évêque dans son cercueil entouré d'un grand nombre d'autres prélats fort mutilés. Il se trouve aux carmélites à gauche en entrant : on peut en voir un beau moulage au musée des antiquaires de l'ouest, salle lapidaire.

F

Le « Te Deum »

Dissertation de Mgr Cousseau

Mgr Cousseau, évêque d'Angoulême, membre des antiquaires de l'Ouest, publia jadis dans les mémoires de cette Société une dissertation sur le *Te Deum* que, sans hésiter, il attribue à Saint Hilaire (1).

Voici sur quelles raisons il s'appuie :

Le *Te Deum* est généralement attribué à Saint Ambroise et à Saint Augustin, conjointement, ou à Saint Ambroise seul.

D'autres l'attribuent à Saint Hilaire de Poitiers — à Saint Abundius de Côme — au moine Sisebut ou à Saint Nicet de Trèves.

Mgr Cousseau rejette les trois derniers : le *Te Deum*, dit-il, est cité dans la règle de Saint Benoît ; or Sisebut est postérieur à Saint Benoît. Il en est de même pour Saint Nicet. Quant à Abundius évêque de Côme du temps de Saint Léon, il est probable qu'il a seulement adopté cette hymne pour son Eglise.

Restent donc en présence Saint Ambroise et Saint Augustin — Saint Ambroise seul — Saint Hilaire de Poitiers.

1°) « On lit dans une ancienne chronique attribuée à Saint Dace, évêque de Milan, mort en 551, qu'aussitôt après le baptême de Saint Augustin, Saint Ambroise et lui, par une inspiration subite du Saint Esprit entonnèrent ce beau cantique et qu'ils le chantèrent ensuite au grand étonnement de tout le peuple. C'est là l'unique

(1) Mgr Cousseau. *Œuvres historiques et archéologiques.* T. Ier et *Mém. des* Antiquaires de l'ouest 1836.

fondement de l'opinion commune (1). » Or, ce fait est contredit par le récit de Paulin, historien digne de foi de l'évêque de Milan, par celui de Possidius disciple de Saint Augustin, par celui enfin de Saint Augustin lui-même dans ses confessions. D'autre part, la chronique qui porte le nom de Saint Dace a semblé peu digne de foi, d'après un examen attentif, les P.P. Ménard et Marbillon ont démontré d'une manière évidente sa fausseté et l'ont reconnue de 400 ans postérieure à Dace.

2°) Mais, Saint Ambroise ne pourrait-il pas être l'auteur de ce chant ? Saint Augustin qui cite si souvent les hymnes de Saint Ambroise est muet sur celle-là. D'autre part toutes les hymnes ambrosiennes sont en vers métrique, sauf le *Te Deum*. « Aussi le savant D. Ceilier, dans son histoire des auteurs ecclésiastiques, affirme-t-il que ceux qui sont tant soit peu versés dans la critique ne songent plus aujourd'hui à attribuer à Saint Ambroise ce majestueux cantique (2). »

3°) Saint Hilaire reste donc seul. Le 13e canon du concile de Tolède (531) nous apprend que les hymnes de Saint Hilaire se chantaient dans les offices publics. Or, un peu auparavant, le *Te Deum* est prescrit par la Règle de Saint Césaire, puis par celle de Saint Benoît. C'est en France qu'il apparaît pour la première fois. De plus Abbon de Fleury l'une des lumières du xe siècle nomme Saint Hilaire « *l'auteur bien connu du Te Deum* (3). »

D'après ce témoignage et après quelques rapprochements avec les autres œuvres d'Hilaire, Mgr Cousseau conclut que « les pensées, le style, la poésie et ce que ses

(1) Mgr Cousseau. *loc. cit.*

(2) id. *loc. cit.*

(3) « Pour nous nous ne croyons pas que le témoignage de S. Albon suffise pour établir un fait si important et si contesté (Abbé Barbier). Voir aussi Tillemont. T. XIII, page 962. Une opinion, assez récente en somme, et qui parait plus évidente l'attribue à Nicetas, évêque de Romatiana (340-414). Voy. *L'Université Catholique* du 15 mars 1905 (Vitte, Lyon).

formes ont de plus particulier, tout concourt à confirmer le témoignage ancien qui le lui attribue. »

G

Ligugé à travers les âges

Martin devait être bientôt tiré de Ligugé par l'habile stratagème que l'on connaît. Lorsqu'il fut sur le trône de Tours il n'oublia pas les enfants d'Outre-Loire et vint souvent les réconforter par sa présence.

La communauté ne cessa jusqu'au VIIe siècle de croître et de grandir. Les pèlerins accouraient nombreux, des moines saints et lettrés, sous la Règle bénédictine, habitaient l'abbaye qu'enrichissaient de nombreux dons :

Ruiné par les invasions musulmanes, le pèlerinage resta délaissé jusqu'au XIe siècle, époque où l'abbé de Maillezais fit reconstruire l'Eglise de Saint Martin qui, bien que sans gardiens réguliers, reçut encore de nombreuses visites.

Cette prospérité renaissante s'arrêta durant les guerres anglaises des XIIe et XIIIe siècles. Tout fut détruit, Eglises, cloîtres, habitations conventuelles. Le premier monastère des Gaules ne devait cependant pas encore périr. Ligugé, devenu lieu de plaisance des moines de Maillezais, fut entièrement reconstruit grâce à Geoffroy d'Estissac.

L'abbaye Ligugéenne n'était pourtant pas au bout de ses peines. Les hordes huguenotes la ravagèrent, puis elle passa aux mains des Jésuites qui la délaissèrent, si bien que, en 1781, elle était dépourvue de choristes et son Eglise n'était desservie que par un simple prêtre.

En 1790, vendu comme bien national, le monastère dut au XIXe siècle une renaissance complète. Les bénédictins remis en possession de l'antique bien sanctifié par Hilaire et Martin firent de Ligugé un centre fort important (1).

Le monastère était même entré dans l'actualité parisienne, depuis que Huysmans, l'auteur mystico-réaliste bien connu y avait établi sa demeure, lorsque la funeste loi de 1901 contre les congrégations, est venue faire rentrer tout dans le silence et jeter sur les chemins de l'exil, les vénérés pères de Ligugé et parmi eux des hommes tels que Dom Chamard ou Dom Besse, bien connus dans toute la France tant par leur érudition que par leurs vertus.

H

Les Reliques de St-Hilaire

d'après M. N. GAILLARD (2)

Nous analysons brièvement ici cette intéressante dissertation.

Trois églises ont revendiqué l'honneur de posséder des reliques de Saint Hilaire : ce sont Saint Denis près Paris — Saint Georges du Puy — Saint Hilaire-le-Grand de Poitiers. Il est hors de doute que Saint Hilaire fut enseveli dans cette dernière Eglise, dès le moment de sa mort. Jehan Bouchet l'assure : « il fut enseveli, dit-il « *dans une voute basse, dans un tombeau qu'il avoit faict de son vivant, entre son epouse et Sainte Apre* (3). » Le Saint

(1) L'abbaye avait pris une extension considérable : restauration de la chapelle du Cathéchumène, et de l'église abbatiale, constructions de nouveaux bâtiments conventuels dans le style de cour, bâtis à la Renaissance par d'Estissac. Construction d'une tour-bibliothèque, adjonction d'une imprimerie importante au monastère, création du musée du Poitou chrétien, tout cela avait attiré les regards sur Ligugé.

(2) *Bull. Ant. Ouest*. Tom 1er année 1836.

(3) Jehan Bouchet. *Annales d'Aquitaine*. 1re partie page 25.

corps fut, nous l'avons vu, élevé en 507 hors de sa cachette par Adelphius et Fridolin et déposé en une riche capse.

Quand donc et de quelle façon les reliques ont-elles été transportées hors de Poitiers ? Il existe bien un passage des grandes chroniques de France qui rapporte que Dagobert Ier, après avoir pillé la cité de Poitiers, fit don à l'abbaye de Saint Denis entre autres objets précieux du corps vénérable de Saint Hilaire de Poitiers. Cependant le silence du contemporain Frédégaire et des auteurs écrivant à une date relativement proche de ces évènements en démontrent la fausseté.

Saint Denis avait encore à sa disposition pour prouver la véracité des reliques qu'il possédait la charte de Richenau ainsi conçue : « *ex cella sancti Dyonisii ubi confessor Christi Hilarus quiescit humatus Hilduinus abbas.* » Or, l'abbé Hilduin gouverna le monastère jusqu'en 840. D'autre part un document de 862 cite les saints dont on célébrait la fête dans le monastère où leurs reliques reposaient. Le document est muet sur Saint Hilaire. La charte de Richenau serait donc fausse. De plus c'est la seule fois que l'on voit, dans une charte de Saint Denis, cette église désignée par les reliques d'un saint, autre que l'apôtre de Paris.

On pourrait malgré tout admettre l'authenticité de la charte sans inférer par là que le saint en question soit le même que le docteur poitevin.

Il existe en effet un Saint Hilar du Gevaudan dont le nom correspond parfaitement bien à l'*Hilarus* de la charte de Richenau. Le nom de confesseur lui est toujours donné et de plus son corps qui reposait à Saloue fut en 777 transféré à Saint Denis.

Saint Denis doit donc, d'après M. Nicias Gaillard, être écarté de la discussion.

Quant à la basilique de Saint Hilaire, ses prétentions ne lui semblent pas sérieuses non plus. On trouve bien, jusqu'au xvie siècle une infinité de chartes disant que le corps de Saint Hilaire repose dans cette église, mais l'auteur pense que l'on copiait tout simplement les formes des diplômes des âges précédents.

« Il est cependant difficile de croire, dit M. de Longuemar, qu'au moment de la reconstruction de Saint Hilaire au xe siècle et de sa construction nouvelle au xie, les puissants ducs d'Aquitaine qui la patronaient ne lui aient pas fait restituer, au moins en partie, ses précieuses reliques dont la trace ne pouvait être entièrement perdue à cette époque. »

Il nous semble, en effet, malgré les fortes preuves apportées par M. N. Gaillard — en faisant en outre pour Saint Denis les réserves que nous avons indiqué — que la collégiale devait posséder au moins une parcelle de son trésor le plus précieux, trésor qui disparut peut-être durant les guerres du moyen-âge.

Quoique il en soit, lorsqu'en 1657, M. de Maupas du Tour évêque du Puy, ouvrit le tombeau antique de l'église Saint Georges, ce sont bien les véritables ossements d'Hilaire qu'il mit au jour, ossements apportés là au début du xe siècle, dans la crainte des Barbares, par les fils de l'Aquitaine désolée.

I

Le pillage de 1562

« Le curé de Chiré, de l'Estang, Laurent Chrétien et Saint Marceau sectistes de Calvin et de Bèze, ordonnaient à leurs adhérents, sectateurs et complices, de spolier les temples, les cercueils des eglises et les personnes ecclésiastiques des tresors, châsses et reliques. La ville (Poitiers) occupée de bonne heure par des soldats extraordinairement armés, n'était plus accessible aux officiers du roi et ne recevait que les gens de guerre des sieurs de la Rochefoucaud, du Vigean, de Vollevire et de Saint-Martin. Le comte du Lude, contraint d'abandonner la ville, dans la crainte de la voir livrer au pillage, comme les réformés en proféraient hautement la menace en cas qu'il persistât à y demeurer, avait été immédiatement remplacé par le capitaine huguenot Sainte Gemme. Sur le conseil du ministre Létang et de l'abbé de Valence, frère du sieur de Vérac, autre partisan de la Réforme, il obligea les ecclésiastiques à ouvrir les temples et les maisons et à livrer leurs armes ; puis il introduisit dans la ville des bandes de Gascons au nombre de 4 à 5.000, dont partie arrivèrent le mardi 26 de may, et qui commencèrent le pillage le mercredi ensuivant dès le matin. Ils emportèrent les reliquaires, chasses, croix, calices, livres et tableaux couverts d'or et d'argent, publiquement et en si grande abondance, qu'il y en avait une charrette remplie jusque sur les peuhs (1).

« Et tantôt après, et environ les unz heures dudict jour de mercredy, entra en ladite ville la grande trouppe desdits Gascons, conduits par les sieurs de Grantmont de Duras et le capitaine Laporte, lesqueulx se mirent encore à parachever et à gaster toutes les églises et mesmement celle dudict Saint-Hilaire-le-Grand, rompre, briser, saccager et piller les aultiers (2), fonts baptismaulx, chappelles, oratoires, chappes, chasubles, courtibaux, estolles, aubes, et les *deux paires d'orgues autant belles et bonnes qu'il y eust en Europe*..... *et brûlèrent et rompirent les livres, papiers, comptes, titres du trésor des tiltres et librairie de ladicte Eglise, ou chapitre d'icelle*.....

« ..... Douze ou quinze jours après, d'autres compagnies de huguenots séditieux venus audict Poitiers parachevè

(1) Sorte de gardes placées de chaque côté des charrettes pour en maintenir la charge (De Longuemar, page 365).

(2) Autels.

rent tellement de ruyner l'église de Saint-Hylaire qu'ils auroient rompu tous les bancs et sièges, du chœur et des chapelles, coffres et armoires, vittres, barres de fer ; arrachèrent et emportèrent tout le plomb dont estoit couvert le clocher de dessus le chœur, emportèrent la cloche d'icelluy et aussi tous les battants des cloches du grand clocher, arrachèrent, ouvrirent et bruslèrent les tombeaux des corps saincts de laditte église, et mesmement les tombeaux de Saint Hilaire, Saint Fortuné, Saint Fridolin, et aultres chrétiens et grands personnages, et rompirent les portes de l'église. Que tous lesdits saccagements, pilleries, romptures, brisements, larcins et desmolitions sont de tel et si grand dommage qu'il seroit impossible de les remettre en l'estat que lesdictes choses estoient auparavant pour trois cent mille escus. »

Cité par M. DE LONGUEMAR
Essai historique sur St-Hilaire-le-Grand
Mem. Ant. O. T. 23, p. 245.

BIBLIOGRAPHIE

I

a) Sancti Hilarii Pictaviensis *opera omnia* juxta editionem Monachorum Ordinis Sancti Benedicti e Congregatione Sancti Mauri. (Migue, *Patrologie latine*. Tomes IX et X, Paris, 1844-45).

b) Sancti Hilarii : *tractatus de Mysteriis et Hymni.....* ex Codice Arretino de prompsit Gamurrini (Roma 1887).

c) D. Hilarii Lucubrationes per Erasmum emendatæ, in officina Frobentiana, ap. Basileam 1523.

II

I *a*) Sulpitii Severi : *De vita Beati Martini lib. un.* (Migue, *Patrologie latine*. T. XX).

b) Sulpitii Severi : *Historia Sacra* (ibid.).

c) *Vita Sancti Hilarii à Fortunato scripta* (*Acta Sanctorum*, Jan. T. II, Paris V Paludé).

II *a*) Jehan Bouchet : *Annales d'Aquitaine*. Poitiers 1557.

b) Lenain de Tillemont : *Mémoires pour servir à l'histoire ecclésiastique des six premiers siècles*. T. VII (Paris, Robustel MDCC).

c) *Histoire littéraire de la France par les Bénédictins de Saint-Maur*. Tome Ier (Paris Osmont. MDCCXXXIII).

III *a*) John Gibson Cazenove, Sub dean and Cancellor of St Mary's Cathédral : Edynburch *Saint Hilary of Poitiers and Saint Martin of Tours*. (London 1883).

b) Renkens : Hilarius von Poitiers. Schaffouse 1864.

c) Rottweil : *die théologie des doctors Hilarius von Poitiers*, 1875.

d) Hauten. *Saint Hilaire* (Luxembourg, 1875).

e) *Studi e documenti di storia e diretto* (Roma Gennaio-Gugno, 1884) . *I misteri di san Hilario vescovo di Poitiers.*

IV *a*) Ébert : *Histoire générale de la littérature du moyen âge*. Tome Ier, traduction Aymeric et Condamin (Paris, Ledoux, 1883).

b) Bardeuhever : *Les Pères de l'Eglise, leur vie et leurs œuvres*, Tome II, traduction Godet et Verschaffel (Paris, Blond et Barral, 1899).

V *a*) Villemain : *tableau de l'éloquence Chrétienne au IVe siècle*. (Paris, Didier, 1854),

b) Duc de Broglie : *l'Eglise et l'empire Romain au IVe siècle*. Tomes I et II (Paris, Didier, 1868),

c) Dom Chamard : *Saint Martin et son Monastère de Ligugé*. (Poitiers, Oudin, 1873).

d) Dom Chamard : *Histoire ecclésiastique du Poitou*. Livre Ier : *les Origines de l'Église de Poitiers*. Mémoires des Antiquaires de l'Ouest, 1re série, t. 37.

e) Barbier : *Saint Hilaire, évêque de Poitiers* (Paris, Poussielgue, 1887).

f) R. P. Largent : *Saint Hilaire*. Collection : *les Saints* (Paris, Lecoffre, 1902).

g) Charpentier : *Saint Francaire* (Angers, Siraudeau, 1905).

VI *a*) Dom Chabrol : *le traité des mystères et les hymnes de Saint Hilaire* (*Revue du monde catholique*, 1888).

b) Davin : id. (*Univers* du 27 septembre 1887).

c) Duchesne : id. (*Bulletin critique* : 1er juillet 1887).

d) Le *Te Deum* (*L'Université catholique*. Vitte, Lyon, 15 mars 1905).

III

I *a*) *Miraculeuse découverte des précieuses Reliques de Saint Hilaire au Puy-en-Vellay*. Poitiers, Fleuriau, 1657.

Nic. Gaillard :

b) *Dissertation sur les Reliques de Saint-Hilaire.* (Bulletin des antiq. de l'Ouest. Juillet-nov. 1836).

II *a*) *Gallia Christiana.* T. II.

b) Rapallon : *Histoire manuscrite du Chapitre de Saint Hilaire le Grand.* Dom Fonteneau. Tome X.

c) *Cartulaire de Saint Hilaire le Grand.* Mém. Antiquaire de l'Ouest, 1848-1849.

d) De Longuemar : *Essai historique sur Saint Hilaire le Grand.* Mém. Antiq. Ouest. T. 23, 1re série.

III *a*) De la Bovralière : *Saint Hilaire le Grand. Paysages et monuments du Poitou* publiés par M. J. Robuchon.

b) L. Maitre : *La Crypte Mérovingienne de Saint Hilaire de Poitiers. Revue du Bas-Poitou,* mars 1904.

TABLE DES MATIÈRES

Pages

CHAPITRE IV

PREMIÈRES LUTTES

CHAPITRE V

L'EXIL

CHAPITRE VI

LES LIVRES DE LA TRINITÉ ET DES SYNODES

CHAPITRE VII

SÉLEUCIE ET BYZANCE

CHAPITRE VIII

RETOUR D'EXIL

CHAPITRE IX

LES DISCIPLES

CHAPITRE X

LES VIERGES

CHAPITRE XI

LE BON PASTEUR

CHAPITRE XII

NOUVEAUX TRAVAUX ET DERNIÈRES LUTTES

CHAPITRE XIII

LA FIN DE SAINT HILAIRE

DEUXIÈME PARTIE : le Culte

CHAPITRE XIV

LES RESTES DE SAINT HILAIRE

CHAPITRE XV

CHAPITRE XVI

CHAPITRE XVII

LE CULTE DE SAINT HILAIRE

ANGERS. — IMP. LACHÈSE ET Cie, J. SIRAUDEAU, SUC^r. 05-1891.

www.ingramcontent.com/pod-product-compliance
Ingram Content Group UK Ltd.
Pitfield, Milton Keynes, MK11 3LW, UK
UKHW021143260726
13994UKWH00001B/279